베들레헴은 지금

"2,000년 전 구주가 내려온 땅, 지금은 평안하신가요?"

믿음이란 한 알의 밀알이 땅에 떨어져 죽음으로 많은 열매를 맺음과 같이
진리의 열매를 위하여 스스로 죽는 것을 뜻합니다. 눈으로 볼 수는 없으나
영원히 살아 있는 진리와 목숨을 맞바꾸는 자들을 우리는 믿는 이라고 부릅니다.
「믿음의 글들」은 평생, 혹은 가장 귀한 순간에 진리를 위하여 죽거나
죽기를 결단하는 참 믿는 이들의, 참 믿는 이들을 위한, 참 믿음의 글들입니다.

베들레헴은 지금

양기선 지음

홍성사

"너희는 말할 것도 없고, 너희 가운데 거류하는 외국 사람들,
곧 너희들 가운데서 자녀를 낳으면서 몸붙여 사는 거류민들도 함께
그 땅을 유산으로 차지하게 하여라.
너희는 거류민들을 본토에서 태어난 이스라엘 족속과 똑같이 여겨라.
그들도 이스라엘 지파들 가운데 끼어서
제비를 뽑아 유산을 받아야 한다.
거류민에게는 그들이 함께 살고 있는 그 지파에서
땅을 유산으로 떼어 주어야 한다.
나 주 하나님의 말이다."

_ 에스겔서 47:22 - 23

프 롤 로 그

다음 중 옳은 문장은 몇 개일까요?

1. 베들레헴은 이스라엘 영토이다.
2. 베들레헴에서 가장 큰 종교는 기독교이다.
3. 베들레헴 토착민은 자유자재로 이스라엘을 다닐 수 있다.

모두 틀린 문장입니다. 베들레헴은 오늘날 팔레스타인 자치정부하에, 그리고 이스라엘의 군사점령하에 있습니다. 현재 팔레스타인 아랍인들이 거주하는 베들레헴 시 인구의 70% 이상은 무슬림입니다. 이 사람들은 이스라엘 영토를 허가증 없이 들어갈 수 없습니다.

사실 베들레헴은 그 유명한 '이스라엘-팔레스타인 분쟁'의
무대입니다. 세계인의 가슴을 아프게 했던 2014년 가자 공습도
바로 이 분쟁이 연출한 비극이었습니다. 이 땅에 오기 전,
저는 아무것도 몰랐습니다. 그리고 군사 점령이 이렇게 무서운
것인지도 전혀 모르고 있었습니다. 그래서 저는 "팔레스타인이
뭔데? 나랑 무슨 상관인데?" 하며 망가져 가는 이 성지에
고개를 돌리곤 했습니다. 물론 지금도 모든 것을 아는 건
아닙니다. 하지만 그리스도인들이 이스라엘-팔레스타인 분쟁에
대해 어떤 입장을 취해야 하는지를 생각해 보길 원합니다.
유대인이 선택받은 민족이기 때문에 이스라엘을 무조건
지지해야 한다고 생각한다면, 주변의 아랍인들이 하나님의
계획을 방해하는 적의 세력이라고 생각해 보았다면, 혹은
유대인들이 중동의 평화를 방해하는 악의 축이라고 생각한다면
다시 생각해 보는 계기가 되길 바랍니다.

지금부터 2013년 가을학기 동안 베들레헴 대학교에서 공부하며
있었던 일들과 생각을 나누고자 합니다. 베들레헴에서 공부하던
하루하루는 제 눈을 뜨게 했고, 몰랐던 사실들을 가르쳤고,
편견을 부수며 제 시야를 넓혀 주었습니다. 하지만 동시에
괴로운 나날들이었습니다. 그럼에도 불구하고 저는 지속 가능한
평화와 용서를 노래하고 싶습니다.
이스라엘과 팔레스타인 사이에서 일어난 갈등을 다 담으면
책 하나로 부족할 것입니다. 이스라엘, 팔레스타인이 저지른
실수들을 이 책 한 권에 다 담기에는 역부족입니다. 그런 책들은

시중에서 얼마든지 구할 수 있고, 저는 이를 공정하게 다룰 수 있는 전문가도 아닙니다.

저는 베들레헴에서 보고 느낀 것들, 이곳에서 만난 사람들, 그리고 그렇게 변해 간 제 사고의 과정을 진솔하게 나누고 싶습니다. 현지인들을 보면서 제 편견을 깨나갔던 날들에서 시작해 어두운 모습을 보며 가슴 아파하던 날들, 사람들과 함께 시오니즘에 대해 이야기하던 날들, 그리고 이 망가진 베들레헴 땅에는 영적인 희망이 있는지를 고민하던 날들까지.

저는 이스라엘 편도, 팔레스타인 편도 아닙니다. 오늘날의 비참한 상황에 이르기까지 두 민족 모두가 잘못해 왔기 때문입니다. 한쪽 편을 들면 다른 한쪽을 미워하기 마련입니다. 그리고 두 민족 간의 피 흘림만 더욱 심화할 뿐입니다. 저는 성경의 편에 서고 싶습니다. 단 '강자' 이스라엘의 지배하에 있는 '약자' 팔레스타인 사람들과 살을 맞대고 지내며 저술한 책인 만큼, 약자의 목소리를 더 많이 들려주고 있다는 점을 기억하셨으면 합니다.

참고로 이 책에 인용된 성경 구절은 새번역성서에서 발췌했으며 '기독교', '기독교인', '크리스천'은 그리스 정교, 가톨릭, 개신교를 포괄하는 의미로 사용했습니다.

베들레헴에서 부족한 저를 도와주고 적극적으로 조언해 주신 최희림 선배, 윌리엄 선교사님, 리사 선교사님, 션 선교사님,

소피 선교사님, 존 선교사님께 감사의 말씀을 드립니다. 제게
현지인의 솔직한 이야기를 들려준 디나 리쉬마위, 사라 하사낫,
야라 제라쉬, 나할라 사르한, 므라드 사야라, 데이지 라마,
하이파 라마, 무닐 라마, 매리 라마, 알리 파르한, 이브라힘
야타오나, 아무르 쿼디맛, 압달 하피즈 허바위, 조제트 리즈칼라,
암자드 자와즈레, 하심, 사우산 리쉬마위, 딥 느자즈레, 살라
아자르마, 이브라힘 이사, 아흐마드 스와힐렘, 볼로스 아클레,
다니엘 아클레, 나리만 아디, 즈밀 스야라, 낸시 아부-니메,
칼릴 브리지야, 마흐무드 자와흐레, 로잔 제라쉬, 라그다
토만에게도 감사를 표합니다.

또한 다양한 시각을 접하게 도와주신 카데르 자말 교수님, 리나
카미스 교수님, 피터 듀브럴 교수님, 라파엘라 무라 교수님, 마이
나쌀 교수님, 왈리드 아딸라 교수님, 그레이스 아부 모허 선생님,
알렉스 아와드 교수님, 피터 브레이 부총장님께 감사를 표하며,
이스라엘의 시각을 접할 수 있도록 적극적으로 도와준 브래드
브로, 지니 브로, 스테파니 콜리, 조나단 앤드류 나겔, 칼렙
쿠들로에게도 특별한 감사를 표합니다. 출판까지 수고해 주신
홍성사의 모든 분들께 진심으로 감사드리며 이 모든 인연을
허락하고 모든 과정을 주관하신 공의의 그리스도에게 영광을
돌립니다.

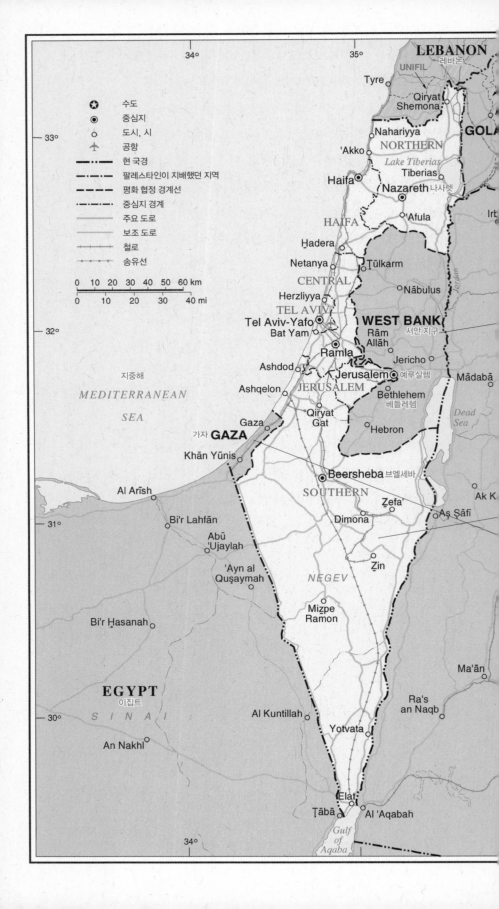

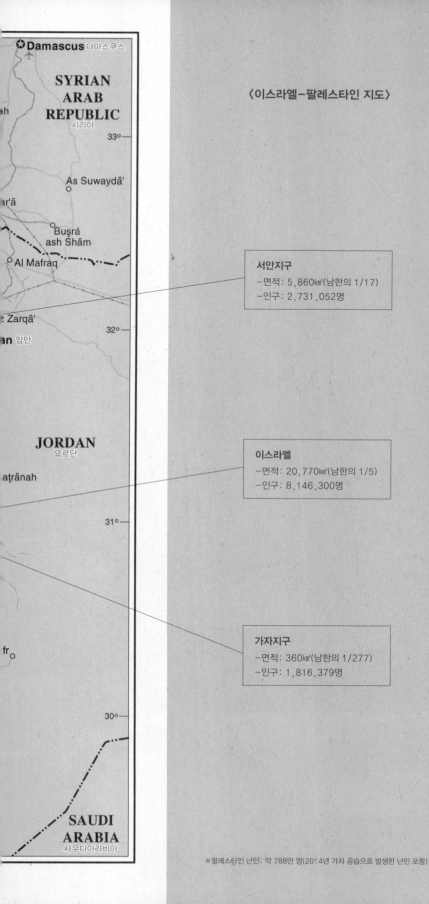

〈이스라엘-팔레스타인 지도〉

Damascus 다마스쿠스

SYRIAN
ARAB
REPUBLIC
시리아

33°

As Suwaydā'

ar'ā

Buṣrá
ash Shām

Al Mafraq

Zarqā'

an 암만

32°

JORDAN
요르단

aṭrānah

31°

fr

30°

SAUDI
ARABIA
사우디아라비아

서안지구
-면적: 5,860㎢(남한의 1/17)
-인구: 2,731,052명

이스라엘
-면적: 20,770㎢(남한의 1/5)
-인구: 8,146,300명

가자지구
-면적: 360㎢(남한의 1/277)
-인구: 1,816,379명

※팔레스타인 난민: 약 788만 명(2014년 가자 공습으로 발생한 난민 포함)

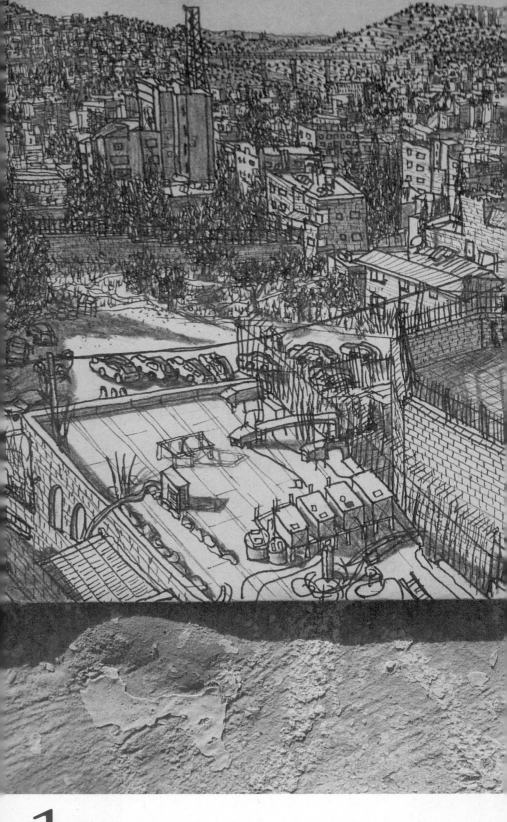

1

베들레헴 대학교 강의실에서 내려다보이는 베들레헴 시내를 직접 묘사해 보았다. 양 떼가 풀을 뜯는 푸른 초장을 생각했다면
오산이다. 여느 중동 도시와 똑같이 빽빽한 돌 건물, 듬성듬성 난 올리브 나무 없이 이야기 할 수 없는 곳이 베들레헴이다. 여기저기
솟은 모스크의 미나렛(첨탑)에서는 하루에 다섯 번씩 기도 소리가 흘러나와 도시를 꽉 채운다.

첫 만남

베들레헴

첫날부터 베들레헴에 대한 환상이 깨졌다. 내가 상상했던
낭만적이고 목가적인 마을이 전혀 아니었다. "아, 이곳이
바로 그리스도가 태어난 땅이구나!" 하며 버스에서 내렸지만
북적거리는 거리와 쌩쌩 달리는 자동차만이 나를 맞아 주었다.
오늘날 베들레헴은 빽빽한 건물과 북적북적한 거리를 자랑하는
전형적인 아랍 도시다.
기사 아저씨들은 관광객인 줄 알았는지 "택시? 택시?" 하며
말을 걸었다. 자동차들이 뿜고 지나가는 매연이 독해서 나도
모르게 자꾸 손을 코에 가져갔다. 하지만 무엇보다도 나의
환상을 깼던 건 집에 가는 길에 지났던 시장 골목이었다. 좁은
골목길에 상점이 너무나 많았다. 흥정하는 사람, 거리에 앉아
포도와 올리브를 파는 할머니들, 가게에서 흘러나오는 아랍

첫날, 북적거리는 거리에 놀라 넋을
베일 쓴 여인들이 참 안 어울린다는
이 바쁜 이곳은 베들레헴 사람들에게

음악으로 내 정신은 산만해졌다. 콧소리를 넣어 가며 쿠란을
외는 카세트 라디오 소리가 곳곳에서 들려왔다. 나는 아랍
도시에 와 있다는 걸 다시 한 번 실감했다.

내가 공부할 베들레헴 대학교 캠퍼스에 처음 도착했을 때에도
혼이 쏙 빠졌다. 캠퍼스는 인산인해였고, 어디가 어디인지도
전혀 감이 오지 않았다. 무엇보다도 베일(히잡)을 쓴 여학생들을
마주치는 게 얼마나 어색했는지 모른다. 이슬람 율법에 의해
정갈한 삶을 위한 거라고는 하지만 처음 도착한 나에게는
이 베일이 방어적으로만 보였다. 언제쯤 이 사람들에게
익숙해질까?

걸어 다녔다. 오른쪽 위의 스프라이트 광고와
했다. 해가 떠 있는 동안에는 조용할 새가 없
한 삶의 터전이다.

이 땅에 무슨 일이?

베들레헴에서 공부할 거라고 하니 주변 사람들은 다들
이스라엘에 가냐고 되물었다. 나는 '역시나……' 하는 심정에
시큰둥한 표정으로 팔레스타인에 간다고 대답했다. 사람들의
반응은 하나같았다.

"거기 위험하지 않아?"

팔레스타인은 대체 무슨 땅이고, 베들레헴이 왜 팔레스타인
땅에 있는지는 아직도 우리나라 사람들에게 생소한 것 같다.
처음 듣는 사람에게는 이곳이 나라인지, 주(州)인지, 도시인지도
헷갈린다. 세계 지도에 '팔레스타인'이라는 단어는 없다. 게다가
팔레스타인에 관한 뉴스는 모두 분쟁과 갈등으로 점철되어

있다. 이 땅에서 대체 무슨 일이 일어났던 것일까?

팔레스타인 땅에서 일어나는 일에 대한 유대인과 팔레스타인

인의 입장은 전혀 다르다. 두 민족 모두 자신만의 이야기와

트라우마를 가지고 있고 각자의 이야기를 반드시 들어보아야

한다. 베들레헴에 본격적으로 입성하기 전에 잠깐 멈추고

팔레스타인인과 유대인의 이야기를 차례대로 들어보자.

팔레스타인 아랍인이 말합니다

우리는 조상 대대로 이 땅에서 2,000여 년 동안 살아왔습니다.

서기 638년 이슬람 제국이 팔레스타인을 정복해 우리 땅은

이슬람화되었지만 소수의 기독교인, 유대인도 평화롭게 공존해

왔습니다. 우리는 각자의 신앙을 존중하는 분위기 안에서

각자의 정체성을 유지해 왔습니다.

하지만 1880년대부터 유대인들이 박해를 피해 3,500여 년 전에

자신들의 조상이 살았던 땅으로 되돌아오기 시작했습니다.

이주 초기 단계에는 유대인과 우리 토착민이 큰 갈등 없이

잘 지냈습니다. 당시 국제 정세의 소용돌이에 비하면 몇

천 명의 유대인이 이주해 오는 것은 큰 문제가 아니었죠.

1880년대까지만 해도 우리 땅의 유대인 인구는 5% 가량으로

집계되었습니다.'

하지만 1917년 영국의 발푸어 선언 이후 유대인은 더욱 빠르게

우리 땅에 들어왔고, 본토 사람들 사이에서는 위기의식이

퍼졌습니다. 이 사람들의 유입이 시오니즘을 통한 서구 열강의
제국주의의 확장이라는 인식도 함께 퍼졌습니다. 실제로
유대민족기금^{Jewish National Fund}은 유대인을 위해 땅을 매입한 후 다시
토착민에게 땅을 되팔지 못하게 했고, 일부 정착민들은 아랍
노동력을 보이콧했습니다.[2] 우리 땅에 이주해 오는 유대인은
유대 국가 건설을 팔레스타인의 식민화와 연관 짓곤 했습니다.[3]
이에 대한 반응으로, 이주해 오는 유대인에 대한 조치를 취해야
한다는 팔레스타인 토착민의 목소리도 높아졌습니다. 빠르게
증가하는 유대인들과 우리 토착민 사이의 갈등은 자연스럽게
심화되었고, 우리는 저항하기 시작했습니다.

우리는 유대인에게 땅을 파는 사람들을 규탄했고, 유대인
마을과 시비가 붙을 때마다 나서서 싸우기도 했죠. 유대인의
이주는 계속되어 유대인의 비율은 1936년에 28.2%까지
증가했습니다.[4] 여기에 유대인을 일방적으로 편드는 영국에 대한
불만이 겹치며 1936년부터 3년 동안은 우리 토착민의 반란까지
일어났습니다. 이 소용돌이 속에서 1938년에만 3,717명의
아랍인이 사망했습니다.[5]

조상 대대로 살아온 땅에 다른 민족이 물밀듯이 들어오는 현실은
우리를 불안하게 할 수밖에 없었습니다. 만약 한국에 유럽인들이
집중적으로 이주하면서 인구의 30%를 차지한다면 한국인
여러분은 이 상황을 지켜보기만 하겠습니까? 당시 우리 땅을
위임통치하던 영국은 시오니스트 세력에 동조하며 갈등을 심화
했고, 우리의 정체성은 더욱 위협받았습니다. 이에 대한 우리의

저항은 유대인들의 야욕을 정당화했고, 강경한 시오니스트
세력이 득세하면서 무력으로 유대 국가를 건설하자는 목소리도
높아지기 시작했습니다. 물론 우리 토착민 중에는 이들 유대인과
평화롭게 공존해야 한다고 외치는 목소리도 있었습니다.
유대인의 안타까운 처지에 공감하고, 이들과 팔레스타인 땅의
역사적인 연결 고리를 존중하자는 목소리였습니다. 하지만 다른
극단적인 팔레스타인 지도자들이 득세해 민중을 선동하여
공존을 외치는 목소리는 거의 묻히고 말았습니다.

1940년대에 들어서며 유대인들은 유대인으로 이루어진 순수
유대 국가를 건설하기 위해 우리를 조직적으로 추방했습니다.
데이비드 벤 구리온^{David Ben-Gurion}, 모셰 다얀^{Moshe Dayan}, 이갈 알론^{Yigal Allon} 등 영향력 있는 유대 지도자들은 유대인들을 선동했고,
벤 구리온은 제2의 홀로코스트를 이야기하며 우리를 나치에
비유했습니다.[6] 1947년 무렵에는 유대인 무장단체들이 더욱
득세하여 우리를 향한 무력 공격이 더욱 심화되었습니다.
사아사^{Sa'sa}에서는 가족들이 잠자고 있는 집을 폭파했고,
하이파^{Haifa}에서는 집에서 도망쳐 항구로 나온 토착민 무리에
박격포를 발사했습니다. 우리가 떠난 집에는 불을 질렀고,
우리는 다시 돌아오지 못했습니다. 데이르 야신^{Deir Yassin}에서는
주택 안에서 기관총을 난사하는가 하면 마을 사람들을 한곳에
모아 놓고 총살했고, 공포감은 팔레스타인 전체에 퍼졌습니다.
마침내 531여 개에 달하는 팔레스타인 마을이 파괴되었고,
이어진 1948년 전쟁에 85%에 달하는 팔레스타인 토착민들이

직간접적으로 생명의 위협을 느껴 고향을 떠났습니다.[7]

아랍 해방군Arab Liberation Army과 무슬림 형제단Muslim Brotherhood이
팔레스타인에 일부 주둔했지만 미미한 역할을 했을 뿐이며,
영국군과 함께 우리의 추방을 방관하기만 했습니다. 아랍
국가들은 그저 자극적인 선전만 할 뿐이었죠.

이들 유대인 무장단체는 유대 국가를 수립하기 위해 영국의
퇴진을 요구하며 영국군에 대한 공격도 감행했습니다. 1937,
1939년의 유대인-아랍인의 영토 분할안이 좌절된 상황에서,
영국은 이 문제를 1947년 유엔에 상정했습니다.

그리고 같은 해, 유엔 팔레스타인 특별위원회UNSCOP는 56.5%의
땅을 유대 국가에, 42.9%를 아랍 국가에 할당합니다. 나머지
지역은 국제사회의 관리하에 두는 분할안이었습니다.

이때까지만 해도 인구의 3분의 2 이상을 차지하며 90%의
토지를 소유하고 있었던 우리는 이에 반대했지만, 유대인
지도자와 다른 열강들이 일방적으로 승인하고 말았습니다.
유대인 무장단체에 의한 토착민의 추방은 점점 심화되었고,
1948년 5월 14일에 이스라엘은 독립국가를 선포했습니다.
우리는 이날을 지금도 '알-나크바(재앙)'이라고 부릅니다.

이스라엘이 독립한 다음 날, 5개의 아랍 국가가 우리의 권리를
지켜주겠다는 구호하에 이스라엘을 공격했습니다. 하지만
유대인의 군사력에 압도된 아랍 국가들은 적극적으로 개입하지
않았습니다. 게다가 오늘날의 서안지구를 노린 요르단은
이스라엘과 사전 협상을 통해 서안지구를 약속받았죠. 결국

왼쪽 지도_ 1947년 유엔의 분할안. 파란색
오른쪽 지도_ 1949년 전후 경계선. 보라색
결과적으로 이스라엘이 전체 팔레스
지 요르단과 이집트가 병합·점령하였

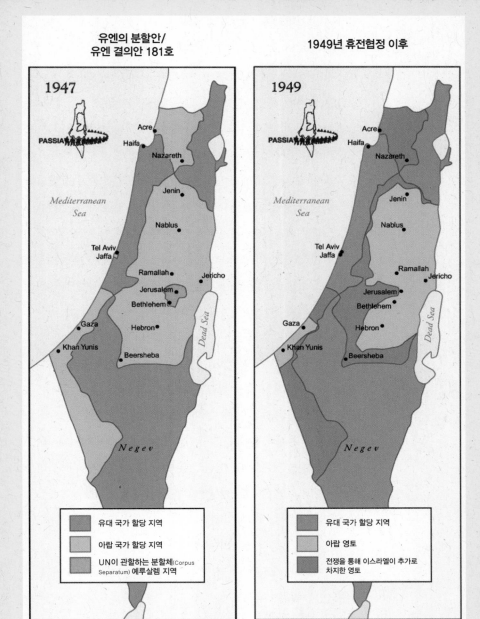

유엔의 분할안/
유엔 결의안 181호

1949년 휴전협정 이후

1947

PASSIA

Acre
Haifa
Nazareth

Mediterranean
Sea

Jenin

Nablus

Tel Aviv
Jaffa

Ramallah
Jerusalem
Bethlehem

Jericho

Dead Sea

Gaza
Hebron

Khan Yunis
Beersheba

Negev

유대 국가 할당 지역

아랍 국가 할당 지역

UN이 관할하는 분할체(Corpus
Separatum) 예루살렘 지역

1949

PASSIA

Acre
Haifa
Nazareth

Mediterranean
Sea

Jenin

Nablus

Tel Aviv
Jaffa

Ramallah
Jerusalem
Bethlehem

Jericho

Dead Sea

Gaza
Hebron

Khan Yunis
Beersheba

Negev

유대 국가 할당 지역

아랍 영토

전쟁을 통해 이스라엘이 추가로
차지한 영토

출처: PASSIA(팔레스타인 국제관계연구회)

유대 국가, 노란색이 아랍 국가에 할당되었다.
은 전쟁 후 이스라엘이 추가로 차지한 영토다.
땅의 77%를 차지했고, 나머지 땅은 1967년까

동구권과 서방에서 구입한 무기에 힘입어 이스라엘이 승리를 거머쥡니다. 이 전쟁 직후 오늘날의 가자지구는 이집트에 점령되고, 오늘날의 서안지구는 이스라엘과의 약속대로 요르단에 병합되면서 팔레스타인 독립국가의 꿈은 물거품이 되고 맙니다. 이 전쟁 이후 집계된 팔레스타인 난민의 숫자는 72만 6천여 명에 달했습니다(UN)[8]. 이스라엘은 건국 후에도 자신의 땅에 남은 팔레스타인 토착민과 베두인들을 추방했고, 이들이 떠난 땅을 차지했습니다. 1949년에서 1952년 사이에 팔레스타인 마을 40군데가 비워졌고, 쫓겨난 주민들은 국경을 넘거나 이스라엘 내부로 흩어졌습니다.[9] 또한 1950년에는 정부가 합법적으로 팔레스타인 사람들의 재산을 몰수해 유대인을 위해 사용할 수 있는 법까지 통과시켰습니다.

1967년, 이스라엘은 6일 전쟁을 일으켜 오늘날의 서안지구와 가자지구를 자신의 손에 넣었습니다. 이스라엘은 점령한 영토에서 물러나라는 유엔 결의안 242조를 자의적으로 해석해 서안지구와 가자지구에 대한 군사 점령을 정당화했습니다. 우리는 그렇게 전 세계의 무관심과 아랍 국가의 이권 다툼 속에서 이스라엘 점령의 희생양이 되었습니다. 이스라엘은 팔레스타인 영토를 차지하고 우리를 떠나게 만들려고 갖은 정책을 펼쳐 왔습니다. 1967년부터 1980년까지 남아 있던 우리 땅의 3분의 1이 이스라엘에 의해 몰수되었습니다.[10] 이스라엘은 1967년 점령 이후로 2만 8천 채가 넘는 팔레스타인 주택과 시설물을 강제로 철거했고요(ICHAD).

이 중 안보상의 이유로 철거된 집이 5%에 불과했다는 점[11]은
열악한 주거환경을 만들어 우리를 떠나게 하고 불법 유대인
정착촌을 확장하려는 이스라엘의 진짜 의도를 시사합니다.
이스라엘은 팔레스타인을 약화시키고 점령을 고착화하기 위한
정책도 꾸준히 펼쳐 왔고, 평화 협상 중에도 한 입으로 두말을
해왔습니다. 이스라엘은 오슬로 평화 협정에 서명한 후(1993) 7년
동안 우리 땅을 파고든 불법 유대인 정착촌을 두 배로 늘렸고,[12]
팔레스타인 땅 내부에 검문소와 군사기지를 추가로 설치해
우리의 통행의 자유를 더욱 제한해 왔습니다. 2차 오슬로
협정에서는 남은 팔레스타인 땅을 A, B, C 지역으로 쪼갰고,
70%가 넘는 땅을 자신의 땅처럼 사용했죠.
오늘날에도 우리는 이스라엘의 경제 점령 정책, 이동 제한 정책,
영토 몰수 정책에 희생되고 있습니다. 이스라엘은 2002년부터
안보를 이유로 분리장벽을 건설해 통행의 자유를 완전히 박탈
했고, 우리의 땅을 몰수해 불법 정착촌 건설에 이용했습니다.

이스라엘은 정착촌을 둘러싸는 유대인 전용 도로까지
건설해 팔레스타인 땅을 조각내고 있습니다. 팔레스타인
땅은 이스라엘의 사업에 의해 조각났고, 이제는 독립
국가가 건설되더라도 제대로 국가를 운영할 수 없는 상황에
이르렀습니다. 점령 과정에서 이스라엘은 수자원까지 차지했고,
우리가 사용하는 물은 세계보건기구와 미국의 대외 원조
기관인 USAID가 정한 최소 기준치 100 1/p/d에 한참 못 미치는
60 1/p/d에 불과합니다(하루 1인 기준). 물론 유대인 정착민들은

우리의 다섯 배가 넘는 물을 마음껏 사용하고 있습니다.[13]

이스라엘 땅에 남았던 팔레스타인 사람들도 이스라엘 사회에서 '아랍인'으로 분류되어 사회적 차별을 받고 있습니다. 실례로 1948년 건국 이후로 이스라엘에 남아 있는 팔레스타인 사람들을 위해 지어진 마을은 단 하나도 없었습니다.[14]

이스라엘의 불법 점령에 맞서 우리는 늘 투쟁해 왔습니다. 이 중 제일 큰 저항은 두 차례의 인티파다 Shaking off; political uprising 였습니다 (1987, 2000년). 자주권을 박탈당하고 점령하에서 겪던 설움을 이기지 못한 우리는 주변 아랍 국가도 믿을 수 없다고 판단했고, 결국 스스로 일어날 수밖에 없었습니다. 이스라엘은 보이콧과 돌멩이로써 저항하던 우리를 탱크와 총, 최루탄으로 진압했습니다. 1차 인티파다가 일어난 지 1년 후 유엔은 이스라엘의 반응이 전쟁 범죄 행위에 해당하며 인권에 반한다는 결의안을 106대 2로 통과시켰지만[15] 이스라엘의 강경 진압은 계속되었습니다. 1차 인티파다 이후 13년 동안 사망한 팔레스타인인만 1,491명에 달합니다.[16] 2000년에 2차 인티파다가 발생했을 때 이스라엘 군은 팔레스타인의 도시를 모두 폐쇄하고, 팔레스타인 자치정부의 정치, 안보, 행정기관을 폭격해 정부의 치안 대처 능력마저 마비시켰습니다.

우리를 압도하는 이스라엘을 향한 분노와 절망감이 폭발했고, 1994년부터 자살폭탄 공격을

출처: www.muslimsarenotterrorists.com

2014년, 네 명의 아이들이 가자지구의 해변에서 놀던 중 이스라엘의 포격에 의해 사망했다. 사진은 절규하는 가족의 모습이다.

시작하기 이르렀습니다. 우리에게는 너무나 강력하고 거대한
이스라엘에 맞서 우리가 할 수 있는 게 아무것도 없다는
극도의 절망감이 자살폭탄 공격으로 이어진 것입니다. 하지만
이스라엘은 우리가 저항하면 수십 배로 응징을 해왔고, 이를
구실로 우리 민족을 테러리스트로 몰아붙이며 서안지구와
가자지구에 대한 점령과 봉쇄를 정당화해 왔습니다.

2007년부터는 하마스가 정권을 잡았다는 이유로 가자지구를
봉쇄했습니다. 이로 인해 주민들은 식량, 건설 자재, 전기, 물
등의 생필품을 제대로 조달하지 못했고, 30~40%에 달하는
살인적인 실업률에 시달려 왔습니다. 우리는 살아남기 위해
이집트로 이어지는 터널을 뚫었고, 분노한 무장단체들은 봉쇄에
대한 저항의 표시로 이스라엘을 향해 로켓을 발포했습니다.
하지만 이스라엘은 불법 봉쇄에 대한 우리 민족의 저항을
테러로 몰아붙이며 최첨단 무기를 이용해 민간인을
학살했습니다. 2008~2009년에 걸쳐 두 차례 그리고 2012년과
가장 격렬했던 2014년 군사작전^{Operation Protective Edge}은 세계인을
경악하게 했습니다.
이스라엘은 2013년부터 9개월 동안 진행된 평화 협상 중에도
팔레스타인 죄수 석방의 약속을 지키지 않았고, 불법 정착촌
1만 4천 채를 추가로 건설해 평화를 원치 않는다는 것을 다시
보여 주었습니다.
물론 이스라엘 건국 전부터 팔레스타인이라는 독립국가는
존재하지 않았고, 우리 토착민을 대표하는 정치 조직도

없었습니다. 우리는 오토만 제국과 영국의 지배를 받아 왔죠.
하지만 이것이 대대로 살아온 사람들을 몰아내고 독립국가를
세우는 구실이 될 수 있나요? 독립국가의 개념은 근대에
나왔고, 그전까지만 해도 이 개념은 희박했습니다. 우리 주변의
아랍 국가와 아프리카 국가들도 대부분 1900년대에 독립하지
않았나요? 그 어느 구실로도 이 땅에 살아온 '사람'들의
권리를 박탈할 수는 없습니다. 우리는 이스라엘의 점령
이후로 거주권을 박탈당했고, 3분의 2에 달하는 '역사적인'
팔레스타인 사람들이 난민이 되어 고향을 떠나 지금까지
돌아오지 못했습니다. 우리 땅을 차지한 유대인의 절대 다수는
구약성경의 셈족과 혈통적으로 관계 없는 사람들이었습니다.

만주 땅이 한때 고구려 영토였으니 중국은 오늘날 한국에게
이 땅을 반환해야 할까요? 아무도 그런 주장을 진지하게
받아들이지 않습니다. 하지만 유대인들은 3,500년 전 일을
내세우며 토착민들을 쫓아내고 우리 영토를 점령해 왔습니다.
우리는 고향을 빼앗기고 점령 상태에 놓여 있습니다.

이스라엘 유대인이 말합니다

먼저 유대 국가의 필요성을 명확히 하고 싶습니다. 우리 민족은
지난 2,000년 동안 전례 없는 피바람을 견뎌 왔습니다. 2,000년
동안 주권국가 없이 전 세계에 흩어져 살던 우리는 땅이

필요했고, 우리가 팔레스타인 땅에 들어올 무렵에는 유대인
국가가 더욱 절실히 필요했습니다. 현재 이스라엘/팔레스타인
땅을 3,500여 년 전에 정복했던 우리는 서기 2세기에
로마제국에 의해 추방되면서 땅 없는 민족으로서의 설움 속에
살아왔습니다. 현재의 예루살렘, 야파, 헤브론, 아크레 등지에
남았던 소수의 유대인들도 이 설움 속에서 살아왔죠.

4세기경부터 교회는 우리를 '예수를 죽인 민족'이라며
박해하고 예수의 핏값으로 우리를 살해했습니다. 우리는
중세 교회로부터 기독교로 개종하도록 강요받았고, 이를
거부한 사람들은 추방당하거나 차별을 받고 또 사형에
처해졌습니다. 십자군 전쟁 때도 우리는 무슬림과 함께
무차별적으로 살해되었고, 그 결과 독일과 북프랑스 유대인의
3분의 1이 목숨을 잃었습니다.[17] 1349년 흑사병이 돌 때는
병을 퍼뜨린 전범으로 내몰려 수난의 소용돌이에 휘말렸고,
13~16세기에 걸쳐 영국, 프랑스, 스페인, 포르투갈, (오늘날의)
이탈리아 등 대부분의 유럽 국가에서 추방당했습니다.
1881년에는 러시아에서 반유대주의 학살이 정부의 공인하에
일어나 러시아에서도 도망쳐야 했습니다. 20세기에는 우리를
음모론자로 몰아붙인 문서 시온 장로 의정서The Protocols of the
Learned Elders of Zion가 각국 언어로 번역되며 전 세계인이 우리를
손가락질했습니다. 1940년대의 홀로코스트의 광풍에서는
6백만 명에 달하는 유대인이 조직적으로 살해되었고, 이는
인류 역사상 가장 비참하고 끔찍한 대학살로 기록되었습니다.

이로써 유럽 사회에 철저히 동화되어도 유대인의 학살은 피할 수 없다는 것이 명확해졌습니다.

팔레스타인 땅에 남아 있던 소수의 유대인도 박해에서 자유롭지 못했습니다. 당시 팔레스타인을 지배했던 이슬람 제국(1291~1516), 오토만 제국(1516~1918), 이집트(1930년대) 등의 지배 세력하에 박해를 받았기 때문입니다. 지난 800년 동안 세계 유대인 전체 인구 중 절반이 살해되었습니다.[18]

우리는 이런 끔찍한 역사를 더 이상 반복하고 싶지 않았습니다. 우리 유대인은 혼자였고, 살아남기 위해 발버둥쳐야 했습니다. 이 고된 역사를 거치면서도 조상들이 살았던 땅, 그리고 약속의 땅에 대한 애착을 품어 왔던 우리는 마음 놓고 살 수 있는 땅을 찾겠다고 결심했습니다. 지칠 대로 지쳐 있었던 우리는 1880년대부터 조상들이 약속받았다는 고향 땅 팔레스타인으로 이주하기 시작했고, 유대 국가를 건설해 이 땅에서의 주권을 되찾자는 목소리는 점점 높아졌습니다.

1897년 테오도르 헤즐Theodor Herzl이 세계적으로 시오니스트 운동을 조직했고, 이후 우리의 이주가 가속화되어 1914년 팔레스타인 땅의 유대인 인구는 15%까지 증가했습니다.[19] 일부 유대인들은 메시아가 온 후에야 유대인이 고향 땅으로 되돌아갈 것이라며 시오니즘 운동에 반대했습니다. 하지만 전 세계의 유대인들은 살인적인 반유대주의를 피하고자, 그리고 마음 놓고 살 수 있는 유대인 국가를 건설하고자 하는 일념하에 팔레스타인 땅으로 들어왔고, 합법적으로 땅을 사들였습니다.

하지만 이 땅에 살아오던 토착민들은 우리를 반기지
않았습니다. 우리의 숫자가 점점 많아지자 토착민들은 아랍
민족주의를 외치며 집에 불을 지르거나 유대인들에게 시비를
걸며 위협했습니다. 우리의 이주로 해외 자본이 유입되고
고용 기회가 많아지며 인프라가 확장되는 등 사회적 혜택이
뒤따랐지만,[20] 토착민들 사이에서는 인구 변화를 우려하며
각성을 촉구하는 목소리만 높아지고 있었고요. 이들은
유대인이 들어옴으로써 기술이 전파되고, 경작지가 확장되고,
병원, 학교, 인쇄소 등의 인프라가 개발되어 더 많은 아랍인들이
우리 주변으로 유입되었다는 사실을 간과했습니다. 당시
팔레스타인 무슬림의 평균 수명이 37.5세(1926~1927년)에서
50세(1942~1944년)로 급증한[21] 것도 우리의 역할 없이는 설명할
수 없는 현상이었습니다.

1921년에는 아랍인들이 자파에서 유대인을 공격해 200명에
달하는 유대인이 사망했고, 헤브론에서는 토착민들이 60명의
유대인을 살해했습니다.[22] 헤브론에서 살해된 이들 유대인은
시오니즘에 반대하던 사람들이었습니다. 아랍 언론은 우리의
땅 매입을 반대하며 시오니스트 운동을 비난했습니다.
유대인들을 난민으로 보지 않고 유럽 식민지화 운동의 일부로
본 아랍 토착민들은 우리를 자신들의 적으로 만들었고, 결국
"토착민들을 몰아내는 것 외에는 대책이 없다"라고 외치는
민족주의 유대인의 구실만 제공하고 말았습니다.[23] 특히 영국이
무프티(이슬람 법학자)로 임명한 하즈 아민 알 후세이니[Haj Amin al-

Husseuini는 유대인 이주를 반대하며 반유대주의를 선전했고,
수많은 팔레스타인 토착민을 선동했습니다. 그는 1929년에
절기를 지키는 우리를 습격하도록 대중을 선동했고, 이날
133명의 유대인이 살해되고 수백 명이 부상당했습니다.[24]
알 후세이니는 1940년대에 나치와 합세하며 두 민족 간의
갈등에 기름을 부었고, 우리는 살아남기 위해 무기를 들기로
결심했습니다. 주변 아랍국은 9,000명에 달하는 아랍 해방군을
주둔시켰고, 이집트의 무슬림 형제단도 팔레스타인에 병력을
보냈습니다. 분쟁은 점점 더 잦아졌고, 우리는 살아남기
위해 대항해야 했습니다. 여기서 지면 우리에게는 또 다른
학살이 있을 뿐이었죠. 1937년에 영국의 필 위원회Peel Commission가
팔레스타인 땅의 80% 이상을 아랍 토착민에게 분할하는 안을
제안했지만 토착민은 이마저 거부했고 우리에 대한 폭력은 커져
갔습니다.

홀로코스트에서 절정에 달한 반유대주의는 점점 세력을 넓혀
가고 있었고, 우리는 같은 역사를 반복하고 싶지 않았습니다.
무엇보다도 우리는 선택받은 우리의 조상이 살았던 땅으로
돌아와 마음 놓고 살 수 있는 안전한 국가를 건설하고 싶었죠.
19세기에는 이라크, 시리아 등의 아랍 국가에서 아랍 민족주의
운동이 대대적으로 일어나 우리 민족을 향한 박해와 학살은
빈번해졌고, 우리의 이주는 더욱 절박하게 이어졌습니다. 우리는
팔레스타인 토착 지도자 그리고 주변 아랍 지도자와의 협상을
시도했지만, 우리의 자주권은 매번 무시되었습니다. 오히려

이들 지도자는 팔레스타인 땅에 아랍 국가의 건설을 요구했고, 영국에게 유대인의 이주를 제한하라는 요구까지 했습니다.

우리의 이주 과정도 순탄치만은 않았습니다. 1914년만 해도, 팔레스타인을 통치하던 오토만 제국은 우리의 이주를 규탄하는 아랍인의 목소리에 굴복해 욥바에 정착한 3만 명의 유대인을 쫓아냈습니다.[25] 1차 세계대전 이후 팔레스타인을 위임통치하던 영국은 우리의 이주에 반발하던 아랍 세력을 달래기 위해 백서를 세 차례나 발행(1922, 1929, 1939)해 팔레스타인 땅으로의 이주를 거부하거나 제한했습니다. 게다가 영국이 팔레스타인으로의 유대인 이주를 봉쇄하여 나치즘이 득세할 무렵에도 우리는 마음대로 팔레스타인 땅에 들어갈 수 없었고, 홀로코스트 속에서도 우리 동족을 구해낼 수 없었습니다. 이 상황에서 우리는 하가나, 이르군 등의 무장 조직을 만들어 영국군과 아랍인에 대항해 싸워야 했습니다.

한편 계속된 이주로 1948년 무렵 우리는 더 이상 소수민족이 아니었습니다. 계속되는 유대인-아랍인 분쟁과 영국군을 노린 유대인 무장단체의 공격을 감당하지 못한 영국은 1947년 이 문제를 유엔에 상정했고, 우리는 유엔에 의해 팔레스타인 땅의 56.5%를 할당받게 됩니다. 하지만 토착민들은 이 분할안마저 거부했고, 우리에 대한 폭력을 심화했죠. 거듭되는 토착민의 폭력 행위와 테러는 일부 극단적 세력으로 하여금 '유대인이 다수를 이루는 유대 국가를 창설하는 것이 답이다'라는

민족주의적 결론에 도달하게 했습니다. 그렇다고 해서 우리가
무책임한 학살을 자행한 건 아니었습니다. 우리의 공식적인
조직인 하가나는 레히와 이르군을 비롯한 조직들의 만행을
비난하고 자제를 요청했죠. 토착민들을 떠나게 한 것은
아랍 지도자와 주변 아랍 군대였습니다.[26] 다음 해인 1948년
영국은 이 땅에서 철수했고, 5월 14일 우리는 드디어 유대인
독립 국가를 선포했습니다. 우리는 이날 얼싸안고 땅 없던
민족으로서의 설움을 해소하며 밤새 기쁨을 토해냈죠.
하지만 아랍 국가들은 우리를 인정하려 하지 않았습니다.
독립을 선포한 바로 다음 날 5개 아랍 국가들이 우리를
공격했고(1차 중동 전쟁), 우리는 15개월 동안 우리의 땅과 민족의
운명을 위해 싸웠습니다. 그리고 극적으로 승리했습니다.
이후 2차 중동 전쟁(1956), 3차 중동 전쟁(1967), 4차
중동전쟁(1973)에서 승리하며 이스라엘은 확고한 독립 국가로
거듭났습니다. 이들 전쟁 모두 신생국인 이스라엘의 생존과
결부된 이유로 벌어졌음을 알아주었으면 하는 바입니다. 지금도
상황이 다르지 않지만, 당시 전쟁에서 한 번이라도 패했다면
아랍 군대에 의해 무차별적인 학살을 당했을 유대인이었습니다.
아랍 국가들은 자신의 이권을 위해 우리에게 적대적인 태도로
일관했고, 지금도 이스라엘은 요르단과 이집트를 제외한 다른
적대적인 아랍 국가들에 둘러싸여 생존을 논하는 상황입니다.
1967년 제3차 중동 전쟁 이후부터 우리는 오늘날의
팔레스타인(서안지구, 가자지구)을 통치해 왔습니다. 독립 국가의
꿈이 날아간 팔레스타인인들은 우리에게 저항했습니다. 우리는

안보를 위해 이들을 진압해야 했고, 팔레스타인 사람들의
저항이 거세질수록 우리도 더 강하게 나와야 했습니다. 진압
과정에서 사상자가 발생한 건 안타까운 일입니다. 하지만 이러한
사상자들은 테러와 관련된 사람들이었거나 혹은 테러리스트를
진압하는 과정에서 의도치 않게 죽거나 다친 경우였습니다.
반면 팔레스타인 측은 이스라엘의 민간인을 무차별적으로
겨냥하여 공격을 펼쳐 왔고요. 우리가 평화의 제스처를
보일 때마다 팔레스타인 진영은 우리에게 무장투쟁으로
화답했습니다.
상식 있는 사람이라면 민간인을 겨냥한 무차별적인 민간인
공격을 옹호하지는 않을 겁니다. 1972년 뮌헨 올림픽에서
이스라엘 선수 11명을 학살한 검은 9월단을 비롯한 파타,
하마스, 이슬람 지하드, 팔레스타인인민해방전선PFLP,
팔레스타인해방민주전선DFLP 등에서 조직한 무장단체는
이스라엘 시민과 정치인을 겨냥해 무자비한 공격을
자행했습니다. 팔레스타인 자치정부는 평화협상 중에도 이들
무장단체들을 효과적으로 진압하지도, 진상을 조사하지도
못했고요.
피자 가게, 나이트 클럽, 거리
한복판에서 터지는 폭탄에
우리는 정상적인 생활을 영위할
수가 없었습니다. 2000년에 2차
인티파다가 발생한 후 첫 20개월
동안만 338명의 이스라엘 시민들이

© Avishag Shaar-Yashuv

2011년, 팔레스타인인에 의해
이스라엘의 군인이 살해되었다.
사진은 장례식에서 절규하는 가족의 모습.

팔레스타인 테러에 희생되었습니다.[27] 2002년 이들의 공격이
절정에 이르렀을 때는 3월 한 달 동안만 127명의 이스라엘
시민이 자살폭탄 테러로 사망했습니다.[28] 파타당 산하의
무장단체는 이스라엘 번호판을 단 차량을 공격해 운전자들까지
공포에 몰아넣었습니다. 이들 극단주의자는 20세기에도
세간의 이목을 끌기 위해 비(非)이스라엘 시민들을 대상으로도
괄목할 만한 테러를 자행했습니다. 팔레스타인 죄수의 석방을
요구하며 1968, 1972, 1976년 세 차례에 걸쳐 항공기를 납치한
팔레스타인인민해방전선[PFLP]의 행위는 분명히 잘못되었습니다.

오늘날 이스라엘이 팔레스타인에 가하고 있는 통제와 제한도
모두 안보를 유지하고 소중한 생명을 지키기 위한 고육책입니다.
사실 모든 이스라엘 사람들이 팔레스타인을 밀어내고자 하는
것도 아닙니다. 일부 극우 유대인만이 이들의 땅마저 차지하고
고대 이스라엘을 완전히 회복해야 한다고 외칩니다. 중동에서의
유일한 자유민주주의 국가인 이스라엘은 팔레스타인과
지속적으로 협상해 오고 있으며, 우리도 평화를 원하고
있습니다. 오히려 평화를 어렵게 만드는 쪽은 늘 팔레스타인이
쪽이었습니다. 1937년, 1947년 그리고 2000년 협상에서 땅을
나누어 독립적인 유대 국가와 팔레스타인 국가를 세우고
서로 공존할 기회가 있었지만, 모두 팔레스타인 쪽의 거절과
폭력으로 물거품이 되고 말았습니다. 2013년부터 9개월 동안
이루어진 평화협상 동안에도 팔레스타인 측은 15개 유엔기구와
조약에 일방적으로 서명하고, 테러 정당 하마스와 손을 잡고

협동 정부 구성을 약속하는 등 협상 결렬에 결정적인 원인을
제공했습니다.
유대인을 향한 전 세계의 반유대주의는 오늘날에도 계속되고
있으며, 지금도 유대인들이 이를 피해 이스라엘로 이주하고
있습니다. 반유대주의에 대한 가장 확실한 해결책이 유대
국가의 건설이었음은 역사가 말해 주고 있습니다. 유럽, 아랍
국가, 터키, 러시아 등지에서는 아직도 유대인들이 차별과
폭행을 피해 고향 땅을 떠나고 있습니다.

비록 한때는 소수 민족이었지만, 우리는 3,000년이 넘게
이스라엘-팔레스타인 땅에 살아 왔으며, 이런 점에서 우리는
이스라엘 땅과 떼어 놓을 수 없는 관계에 있습니다. 우리의 경전
토라(모세오경)를 볼 때, 하나님은 아브라함이 가나안 땅(오늘날의
이스라엘-팔레스타인 땅을 포함)을 약속받고 큰 민족의 조상이
될 것이라고 말씀합니다. 아브라함은 이삭을 낳았고, 이삭은
야곱을 낳아 이스라엘의 열두 지파를 이루었습니다. 같은
언약도 이스라엘까지 타고 내려왔고, 이들은 약속대로 가나안
땅을 차지했습니다. 비록 2,000여 년의 공백 기간이 있었지만
영원한 하나님의 언약을 볼 때 이 땅의 영원한 청지기는 우리
유대인이라고 보아야 합니다. 또한 구약의 예언서는 유대인의
귀환을 예언하고 있지 않나요? 궁극적으로 우리는 2,000년
동안 땅의 소유권을 포기하지도 않았습니다.

2

베들레헴에서는 시도 때도 없이 공사가 이어지곤 하지만 사람들은 별 일 아니라는 듯 총총 걸어 다닌다. 이날은 도로를 통째로 걷어내는 바람에 나무가 뽑혀 길을 막고 있었음에도 현지인들은 아무렇지도 않다는 표정으로 걸음을 옮기곤 했다.

그곳에 사람이 산다

베들레헴 남자 그리고 여자

베들레헴에서 지내며 처음 깨달은 건 팔레스타인 사람들이
자살폭탄 공격에 열중하는 '미친' 사람들이 아니라는 점이었다.
함께 살을 맞대고 지내다 보면 이들도 다들 먹고살기 바쁜
사람들이고, 평화롭게 자신의 땅을 가꾸기 갈망하는 평범한
사람들이라는 단순한 사실을 깨닫는다. 외국인인 나에게
거리낌 없이 말을 걸고, "웰컴, 웰컴" 하며 손짓하는 현지인들을
보면서 나는 자연스럽게 이들에 대한 편견을 걷어 나갔다. 이런
사람들을 오해해 온 나 자신을 되돌아보며 부끄러워하는 날도
있었다. 베들레헴 사람들은 외부인들에게 열려 있다. 처음 만난
나를 아파트에 초대하기도 하고, 여학생들도 자기 집에 놀러
오라는 말을 별 망설임 없이 하곤 한다.
하지만 아랍 여자들은 천지 차이다. 여자들은 하나같이 수줍은

표정으로 베일을 두르고 걸어 다닌다. 긴 복장^{Jilbab}이 몸 전체를
덮고 있어서 어디서 어디까지가 다리인지도 감을 잡을 수가
없다. 아시아인이 거의 없는 베들레헴에서 나는 늘 이 사람들의
눈길을 받곤 했다. 특히 베들레헴 대학교에서 외국인 학생은
나를 포함해 단 두 명이었다. 캠퍼스를 거닐다 보면 여학생들이
나를 뚫어지게 쳐다보며 지나간다. 눈을 마주치면 수줍게
웃기도 하고, 내가 지나가자마자 자기들끼리 함박웃음을
터뜨리기도 한다. 동물원의 원숭이 쳐다보듯 하는 여학생들의
눈빛에 당황하는 날도 있었다. 베일 사이로 동그랗게 나온
얼굴을 보고 있노라면 똑같이 생겼다는 생각도 든다. 다들 진한
화장에 마스카라를 하고 외출한다. 머리를 묶고 베일을 쓰느라
머리 뒷부분이 튀어나와 보이는데, 가끔씩은 이게 두상인가
하고 눈을 동그랗게 뜨곤 했다. 나는 이 여학생들이 베일을 안
썼더라면 대체 어떤 모습일까 상상하며 학교를 걸어 다녔다.
머리를 풀어 헤치고 다니는 크리스천 여학생들을 보면서 "아
저런 모습이겠구나" 하고 짐작하기는 했지만, 그래도 베일 안 쓴
모습은 정말 상상하기 힘들다

반면 아랍 남자들은 정반대다. 다들 외국인인 나에게
거리낌없이 말을 건다. 때와 장소를 가리지 않고 피우는
담배도 여학생과 전혀 달라 보이게 만드는 것 같다. 간접
흡연에 대한 개념이 거의 없어서 학교 행사 때도 대강당에
앉아 담배를 뻑뻑 피우는 바람에 강당 공기가 매캐해지곤
했다. 캠퍼스 광장에서는 남학생들이 참새처럼 앉아 담배를

피웠다. 여학생들에게 남자다운 모습을 보여 주기 위한 걸까?
점령하의 설움을 잊기 위한 습관일까? 므라드^{Murad Saya'ra}는 담배
연기를 부드럽게 뿜으며 자기가 전해들은 연구 결과를 담담하게
말해 주었다. 담배 한 개비가 수명 5분을 단축시킨다는 연구
결과였다. 내가 그 담배를 왜 피우냐고 웃으며 되물으니
"50~60살만 살면 족해. 70살, 100살까지 사는 건 바라지도
않아"라고 대답했다. 하지만 현지인 남자들을 밤에 마주치는 건
가끔 무서운 일이었다. 시비가 붙으면 돌을 던지면서 싸운다는
말을 떠올리며 발걸음을 재촉하던 날들도 있었다.

남녀 가리지 않고 다같이 공유하는 습관은 바로 시간
개념이었던 것 같다. 중동의 시간 개념이 시계추 같다는
말이 있다. 금방 되돌아오니 너무 서두를 것 없다는 말이다.
오늘날에는 많이 달라졌지만 이런 식의 시간 개념은 여전히
남아 있다. 버스나 승합 택시도 사람들이 어느 정도 차면
출발하고, 상점들도 따로 정해진 시간 없이 어둑어둑해지기
시작하면 문을 하나 둘씩 닫는다. 여리고로 가는 승합
택시에서는 사람들이 찰 때까지 50분을 기다린 날도 있었다.
인샬라와 떼놓을 수 없는 시간 개념이다. '신의 뜻대로!'를
의미하는 인샬라는 친구와 약속을 할 때마다 꼭 한 번씩 나오는
인사말이었다. 나는 가끔씩 이 말이 될 대로 되라는 뜻인가
싶어 속으로 "응?" 하곤 했다. '지금 인샬라를 외치고는 손 놓고
하늘에 맡기는 거야?' 하는 생각도 여러 번 했다. 하지만 보통은
약속에 대한 긍정적인 대답이라고. 현지인 친구는 "인샬라"가

네, 아니오가 반반 섞인 대답이라고 귀띔해 주었다. 직설적으로
"아니"라고 말하기 꺼리는 문화권이라서 나중에 약속을 회피할
구실이 되어 주기도 한다는 이야기였다.

약속 시간에 안 나와서 전화를 할 때마다 "지금 가고 있어!"라는
대답이 돌아오곤 했다. 어느 날은 40분을 기다리다가 나중에
다시 만나자는 문자 한 통을 남기고 떠났는데, 나중에 알고 보니
집에서 아예 안 나왔다고. 2시에 약속을 잡았다가 한 시간을
바람맞고 돌아온 날도 있었다. 집에 돌아와 이메일을 확인해
보니 "약속 시간을 4시로 미룰 수 있을까?" 하는 새 메일이
3시 54분에 와 있었다. 집의 가스가 다 떨어져 채워 달라고
집주인 아저씨에게 부탁했을 때도 "내일 채워 줄게요" 말해 놓고
나흘을 방치하여 매일 외식을 해야 했다. 현지인이 "아랍인에게
5분은 30분이고, 1시간은 10시간이야"라고 말했을 때는 그저
농담이려니 했지만, 지내다 보니 맞는 말일 때가 참 많았다.
한국인으로서 이 문화는 참기 힘들었다. 사람들과 하는
약속을 신뢰할 수가 없으니 답답한 적도 한두 번이 아니었다.
"인샬라!" 이슬람이고 기독교를 막론하고 하나님이 모든 것을
주관하신다는 고백이겠지만, 게으름에 대한 핑계가 되면 안 될
텐데 싶다.

씨니, 야바니, 꾸리

베들레헴의 중심가인만큼 사람들은 물건을 사
거리는 시간인 토요일 오후였다. 포화상태가 되
리저리 치이며 한숨 쉬는 나와는 달리, 운전자

한 학기 내내 나를 괴롭혔던 곳이 있었다. 첫날 나를 기겁하게

했던 그 시장 골목이었다. 매일 아침 학교에 가기 위해 그 길을
지나가야 했지만 익숙해지는 데 한 달이 넘게 걸렸다. 내가
아랍 도시에 와 있다는 점을 매일 일깨워 준 곳이었지만 지금도
별로 그립지는 않은 곳이다. 상인들이 지르는 소리와 담배 연기
사이에서 이리저리 치이며 거리를 걷다 보면 소행성 사이를 피해
우주선을 조종하는 기분마저 들었다.
북적거리는 사람들로 활기가 가득한 골목이지만 기분 좋은
활력이 아니다. 명동 거리와는 다른, 숨 쉴 틈 없는 생동감이다.
차 한 대가 다닐 만한 좁은 골목에 바글바글한 사람들을 보는
순간 한숨이 나왔고, 앞서가는 사람들이 뻑뻑 담배 연기를

해 어김없이 이곳을 찾는다. 이날은 가장 북적
에도 자동차는 꾸역꾸역 거리에 들어왔다. 이
행자나 모두 태연한 얼굴이었다.

뿜어도 피할 길이 없었다.

특히 이 좁은 길로 자동차들이 지나다닌다는 게 견디기
힘들었다. 매연을 뿜는 차 뒤에 따라붙자 반대쪽으로 오는
사람들과 어깨를 부딪혔다. 옆에서는 상인이 나에게 아랍어로
말을 건다.

경적을 빵빵 울려 가며 거북이처럼 지나가는 자동차를 볼
때마다 나는 '이 길로 들어오고 싶어요?' 하는 눈빛으로
운전자를 원망스럽게 쳐다보았다. 가끔씩은 운전하던 사람이
차를 세우고 내려서 장을 보는 진풍경도 벌어진다. 그러면
뒤따라 오던 차의 운전자가 경적을 울리는 통에 분위기는 더
어수선해지곤 했다. 나는 어떻게 이런 데에 자동차를 끌고
왔냐며 속으로 따졌지만 사람들은 아무렇지도 않다는 듯이
유유히 자동차와 가게 사이를 걸어 다녔다. 누구보다도 숙련된
우주선 조종사들이었다. 운전석에 앉은 사람도 별일 아니라는
듯이 차분하게 경적을 울려 댔다.

하지만 무엇보다도 참기 힘들었던 건 "씨니(중국인)",
"야바니(일본인)", "곤니찌와!", "니하오!" 소리를 매일 듣는
일이었다. 베들레헴 사람들에게 아시아인은 일단 중국인 아니면
일본인이다. 나는 하루도 빠지지 않고 이 골목에서 일본인,
중국인 취급을 받곤 했다. 처음 며칠 동안은 웃으면서 "전
한국에서 왔어요"라고 대답하곤 했지만 이런 일을 하루에도
수차례 반복하니 나도 모르게 지쳐 갔다. 나중에는 "니하오"

소리를 듣고도 앞만 보고 갈 길을 갔던 기억이 난다. "난
중국인이 아니야"라는 일종의 침묵시위였다. 하루도 거르지
않고 이런 인사말을 들었지만 익숙해지기는커녕 예민해지기만
했다. 그래도 낯선 이방인에 대한 관심 표현에 너무 차갑게
반응한 건 아닌가 싶어 지금 생각하면 얼굴이 빨개지곤 한다.

사실 한국인에게도 한국인, 중국인, 일본인을 구분하는
건 쉬운 일이 아니다. 그렇더라도 남의 국적을 함부로 때려
맞추는 건 기분 좋은 일이 아니다. 물론 이곳을 거닐며 "꾸리,
꾸리(한국인)"라는 소리를 종종 듣기도 했다. 한 아저씨는 "오빠
강남스타일!"을 어색한 아랍어 발음으로 외치며 나를 불러 댔다.
나는 그럴 때마다 씨익 웃으며 인사하곤 했다.

사실 이 시장 골목도 해외 원조의 산물이다. 세계에서 해외
원조에 의존하는 비중이 가장 높은 곳 중 하나인 만큼
공공사업의 상당 부분을 해외에서 부담한다. 2001년부터 매년
1조 110억 원에서 1조 5200억 원에 달하는 원조를 받아 왔는데,
이는 팔레스타인 자치정부 예산의 70% 이상을 차지한다.[1]
그래서인지 이 골목을 비롯한 베들레헴의 거리는 외국 국기가
새겨진 표지판으로 도배가 되어 있다. 모두 해외 원조를
기념하여 세운 표지판이다.
시장 골목 곳곳에도, 계단을 오르내릴 때에도, 건물을 드나들
때도 이들 표지판이 보였다. 평범한 골목길에도 "베들레헴
지역의 역사적 & 고고학적 지구 재건 & 복원"이라는 거창한

이름이 외국 국기와 함께 자랑스럽게 붙어 있다. 원조 국가는
스위스, 독일, 노르웨이, 일본, 스웨덴. 미국, 폴란드 등 다양하다.

내가 있는 동안에도 도로 공사는 여기저기서 계속되었다.
그 바쁜 시장 골목의 도로를 재정비하느라 복잡한 골목이
먼지투성이가 되곤 했다. 가장·큰 지원을 하는 단일 국가는
물론 미국이다. 매년 4억 달러(약 4,045억 원)를 지원하는데[2],
이스라엘을 가장 열광적으로 지원하는 초강대국답지
않게 팔레스타인에 대한 원조도 열심인 셈이다. 고마운 건
사실이지만 정치적인 속셈이 비치는 건 참 얄밉다.

무슬림 72%

베들레헴. 그리스도가 태어난 곳이지만 오늘날 베들레헴 시민의
72%는 무슬림이다. 이 도시의 크리스천 비중은 28%밖에 안
된다.[3] 한때는 베들레헴 시의 기독교인 인구가 90%에 달했지만
꾸준히 감소해 왔다. 팔레스타인 전체 기독교인 인구가 2%가
채 안 된다는 점을 생각하면 그렇게 낮은 수치는 아니다. 하지만
메시아가 탄생한 땅에 기독교인이 이렇게 없다는 사실은 조금
서운하다.

거리를 걷노라면 베일을 쓴 여인들이 수줍은 얼굴로 나를
쳐다보고, 골목골목에 있는 모스크 안을 들여다보면 사람들이
메카를 향해 엎드려 기도를 올리거나 앉아서 휴식을 취하고
있었다. 기도 시간이 되면 모스크 첨탑에서는 요란한 기도(아잔)

소리가 베들레헴을 꽉꽉 채운다. 여러 모스크에서 나오는
소리가 합쳐지면서 몽롱한 분위기가 연출된다. 처음에는 "아,
내가 팔레스타인에 와 있구나" 싶었지만 이따금씩은 요란한
이 소리가 싫었다. 특히 우리 집 옆에 모스크가 너무 가까이
있어서 창문을 닫고 귀마개를 해도 소리가 다 들렸다. 기도
시간을 저렇게까지 요란하게 방송하나 싶었다. 한국에서 교회가
하루에 다섯 번씩 이렇게 쩌렁쩌렁 기도를 했더라면 무슨 일이
벌어질까?

금요일이 되면 그 바쁜 시장 거리도 텅 빈다. 금요일은 이슬람의
휴일이기 때문이다. 절대 다수가 무슬림인 만큼 베들레헴에서는
금요일에 많은 것들이 멈춰 선다. 불편한 점도 물론 있었지만,
전쟁터를 방불케 하는 시장 거리를 지나야 했던 나는 금요일이
참 고마웠다.

시계방을 운영하는 무닐 라마^{Mounir Lama} 씨도 자신은 가톨릭이지만
다른 사람들처럼 금요일에 문을 닫고 일요일에 문을 연다고
말해 주었다. 금요일에 사람들이 거의 찾아오지 않기 때문이다.
베들레헴에 있는 외국계 공립학교도 금요일과 일요일에 쉰다.
금요일은 무슬림을 위해, 일요일은 기독교인을 위해서다. 그래서
토요일에는 어김없이 가방을 메고 학교 수업에 나서는 아이들의
행렬을 보게 된다. 나는 여기에 유대인이 함께 살았더라면
일주일에 세 번을 쉬었을까 하며 피식하곤 했다.

기독교(가톨릭) 학교인 베들레헴 대학교도 무슬림들을 배려한
시스템을 갖추고 있다. 금요일에 수업을 쉬는 대신 금요일 오후

12시에 수업을 개설하지 않고, 무슬림들이 다 같이 기도할
수 있도록 대강당을 개방한다. 같은 시간에 학교 채플에서는
기독교인들이 모여 미사를 올리는 진풍경이 연출된다.
사실 나는 아랍 크리스천들이 참 교양 있고 세련되어 보인다는
생각을 많이 했다. 긴 머리를 풀어 헤치고 다니는 모습에서
자유분방함과 개성을 느꼈고, 수업 시간에도 크리스천들이
더 돋보였기 때문이다. 이 사람들은 유럽 선교사들로부터
전폭적인 지원과 교육을 받은 덕분에 무슬림들보다 더 좋은
환경에서 지내 왔다. 사실 선교사의 무조건적인 지원 때문에
이들 크리스천들이 망가졌다고 우려하는 목소리도 있다. 이들
크리스천 중 상당수는 해외에 친척이 있고, 일부는 외국 국적을
가지고 있어서 점령에서 비교적 자유롭다. 이 땅에 있는 고급
사립학교 중 대부분은 기독교계 학교이며, 무슬림 부모도
교육을 위해 자신의 아이들을 이들 사립학교에 보내기도
한다고. 다른 신앙 체계가 걸림돌이 되지는 않냐고 베들레헴
대학교 친구에게 질문하니 "그런 건 신경 안 쓰는걸"이라는
대답이 돌아왔다.

베들레헴에 있는 기독교계 사립학교인 예루살렘 스쿨^{Jerusalem}
^{School}은 내가 본 사립학교 중 제일 잘나가는 학교였다.
2013년부터 이 학교에서 진행된 사업을 들은 나는 내 귀를
의심했다. 2013년부터 중학생들을 대상으로 삼성 태블릿 PC로
종이 교과서를 대체하는 사업을 진행했다는 것이었다. 이제
중학생 전원이 전자 교과서로 수업을 듣는다. 이 학교에서

공부하는 현지 한국인 강사무엘은 한 난민촌 친구의 이야기를
들려주었다. 큰 맘 먹고 아이패드를 구매했다가, 삼성 제품을
샀어야 한다는 걸 나중에 알고서 울며 겨자 먹기로 삼촌의
삼성 태블릿 PC와 아이패드를 바꾼 이야기였다. 전자 교과서에
만족하냐고 묻자 강사무엘은 좋은 점도 있고 안 좋은 점도
있다며 조금은 말을 흐렸다. 이 학교의 설립자 그레이스 아부
모허 Grace Abu Mohor 씨가 "(이 제도가) 100% 좋다고는 말할 수 없죠.
모든 학생들이 패드를 구매할 수는 없으니까요. 그래도 기술을
따라가야죠"라고 했던 말이 머릿속에서 맴돌았다. 사막 위에
세워진 것만 같았던 팔레스타인계 (이슬람) 공립 학교와는 전혀
다른 분위기였다.

공존하는 두 종교

베들레헴을 들르는 많은 관광객들이 베들레헴 대학교에서
주선하는 캠퍼스 투어에 참여한다. 그럴 때면 파란 눈의 유럽
관광객들이 디즈니랜드에 온 아이 같은 표정으로 캠퍼스를
두리번거리는 풍경이 연출되곤 했다. '성지' 베들레헴에 있는
이 특별한 학교에 사람들은 다들 신기해하는 분위기였다.
베일 쓴 무슬림 여학생들로 가득한 캠퍼스를 보고 의아해
하는 사람들도 물론 있었다. 그래서인지 투어를 마치고
진행된 질의응답 시간에는 두 다른 신앙 체계의 공존에 관한
질문이 제일 많이 나왔다. "어떻게 무슬림과 크리스천이 서로

공부하나요?", "서로 신앙에 대한 이야기를 하긴 하나요?" 등등.
호주에서 왔다는 한 부부는 베들레헴 대학교의 캠퍼스 광경이
믿기지 않는지 자꾸 나에게 비슷한 질문을 했다.

우리는 '기독교인과 무슬림은 서로 적대적이다'라는 편견을
무의식 중에 주입받았다. 나도 사실 여기서 자유롭지 못했고,
베일 쓴 학생들과 안 쓴 학생들이 서로 즐겁게 대화하는 모습을
보고 의아해하곤 했으며 무슬림과 비무슬림들이 어울려
다니는 장면이 아름다워 감탄하기도 했다. 나에게는 이 광경이
신앙의 장벽이 무너진 훈훈한 풍경이었다. 나중에야 베일을

나블루스로 소풍을 떠난 날. 즐겁게 대화하는 사람
들을 카메라에 담고 싶었다. 자연스러운 모습을 담고
싶어서 조용히 카메라를 꺼냈지만 이들은 해맑게 웃
으며 포즈를 취해 주었다. 기독교인과 무슬림이 함께
소풍을 간다는 것이 감격스럽고 낯설었다.

쓰지 않아도 무슬림일 수 있다는 점을 알았다. 조금 자유로운
집안에서 온 무슬림 여학생들은 베일 없이 반팔에 청바지를
입고 다니는데, 얼핏 보면 크리스천 학생과 구분할 수가 없었다.
하지만 겉모습과 별 상관 없이 이들 무슬림과 크리스천들은
캠퍼스에서 아주 화목하게 지낸다. 학교에서 매일 단짝처럼
붙어 다니는 디나 리쉬마위Dina Rishmawi와 사라 하사낫Sarah Hasanat 은
각각 크리스천과 무슬림이다. 하지만 서로 아무런 거리낌없이
자매처럼 지낸다. 깔깔 웃으면서 거친 농담을 주고받는 이
친구들 모두 크리스천인 줄만 알았다. 사라가 베일을 쓰지 않기
때문이다. 어느 날, 사라가 무슬림이라는 걸 알았을 때 나는
"응?" 하며 눈을 동그랗게 떴다.

사실 현지 기독교인이나 무슬림이나 신을 부를 때는
'알라Allah'라는 표현을 쓴다. 쿠란과 성경의 신은 분명 다른
신이지만 알라는 아랍어로 신, 하느님을 뜻하기 때문이다.
하지만 아무리 친한 사이라도 신앙에 관한 이야기는 피하는
분위기다. 가톨릭인 데이지 라마Daisy Lama도 무슬림 친구들과
친하게 지냈지만 신앙에 관한 이야기는 꼭 피해 왔다고.
사실 '기독교인이 이 많은 무슬림들에게 복음을 전하지 않는 게
말이 되는가!'라고 생각한 게 사실이다. 하지만 지금 나는 이들의
상황을 백번 이해한다. 복음을 나누기 위해서 친구와 감정
상하는 일을 무릅써야 하기 때문이다. 서로의 다름을 확인할
때의 그 거리감은 엄청나다. 게다가 신앙에 대한 이야기를 하며
내가 맞느니 네가 맞느니 논쟁한다면 서로의 관계만 망치기

십상이다. 솔직히 말해서 이건 생각하기 싫은 시나리오였다.
무슬림 친구들이 나에게 이슬람에 대한 이야기를 꺼내며 자기
종교가 더 우월하다고 말한 적이 여러 번 있었다. 그럴 때마다
나는 논쟁하기 싫어서 그냥 고개를 끄덕이곤 했다. 부끄럽지만
'이참에 예수에 대한 얘기를 해볼까?' 하고 생각하기도 전에
논쟁을 피하고 싶은 회피감이 나를 둘러쌌다.

학교에서 사귄 무슬림 친구 알리 파르한^Ali Farhan 은 이슬람이
도덕적으로 얼마나 우월한지에 관심이 많은 친구였다.
이슬람에 관해 아는 게 있냐는 알리의 질문에 나는 5대
기둥을 이야기했고, 알리는 뿌듯한 얼굴로 이슬람의 5대
기둥을 구체적으로 설명해 주었다. 순수입의 2.5%를 기부하는
자카트^zakat 를 설명할 때 알리는 제일 자신감에 넘쳤다. 그는
마지막에 "이슬람에는 많은 좋은 게 있지만 중동 국가들이
이를 안 지켜서 문제가 일어나고 있어"라고 말하며 중동 사태를
이야기했다. 한창 진행 중이던 시리아, 이집트 사태를 말하는
것 같았다. 갑자기 중동 사태 이야기를 꺼낸 걸 보니 세계인의
시각을 의식하고 있었던 것 같았다. 나는 논쟁하기 싫은 마음에,
수많은 요소들이 복합적으로 작용했으려니 하는 생각을 하며
고개를 끄덕였다.
또 다른 친구 이브라힘 아타오나^Ibrahim Ataona 는 누구보다도 독실한
무슬림이었다. 그는 "이슬람이 최고야. 내가 무슬림이라서가
아니라, 이슬람은 현실(reality)이거든"이라고 말하곤 했다. 나는
속으로 '나를 전도하려는 건가?' 싶었지만 만난 지 얼마 안

된 현지인 친구와 논쟁하고 싶지 않아 어색하게 씨익 웃었다.
이브라힘의 집에 초대된 날, 6시 무렵이 되자 이브라힘은
무슬림 기도를 해보겠냐며 나에게 기도용 카펫을 건넸다.
전날 역대상을 읽어서였는지 갑자기 이방 신들에게 절하던
이스라엘 백성이 떠올랐다. 메카를 향해 절하는 것도 별로 다를
게 없을 것 같아 나는 거절했고 이브라힘은 기도하러 자기
방에 들어가며 담담한 표정으로 말했다. "우린 하루에 다섯
번 기도해. 그리고 기독교인은 일주일에 한 번 기도하고." 나는
기분이 나빠졌다. 나는 '그깟 기도 횟수를 가지고 자기 신앙이
우월하다고 하는 거야?' 하며 속으로 따졌다(이브라힘은 내가
크리스천이란 걸 알고 있었다). 한 마디 하고 싶었지만, 앉아서 곰곰이
생각해 보니 나는 이브라힘처럼 정성 들여 시간을 정해 놓고
기도하는 녀석이 전혀 아니었다. 무슬림들이 온몸으로 하는 저
기도를 나는 하루 다섯 번씩 감당할 수 있을까? 목구멍까지
올라왔던 감정은 야릇한 부끄러움으로 바뀌고 말았다.

기독교인과 캠퍼스에서 살을 맞대고 지내는 무슬림이라 해서
성경에 대해 잘 아는 건 아닌 것 같다. 수업 시간에 예수가 물로
포도주를 만든 기적이 잠깐 언급된 적이 있었다. 그날 수업이
끝나자마자 서너 명의 베일 쓴 여학생들이 교수님께 와서는
쿠란에 없는 내용인데 이 이야기가 사실이냐고 물어보았다.
교수님은 기독교 전통에 따르면 사실이며, 성경에는 쿠란에
없는 내용이 많이 있다고 대답하셨다. 그리고 궁금하면
요한복음 2장을 읽어 볼 것을 권하셨다. 크리스천인 교수님은

이 여학생들이 이날 요한복음을 통해 예수를 만나기를
기도하셨을까?

하지만 가장 강렬했던 기억은 친구 아무르 퀴디맛^{Amro Quidimat}과의
대화였다. 놀러 온 아무르는 내 방에 있는 한글 성경책을
발견하더니 휘리릭 넘겨 보고는 이게 뭐냐고 물었다. 나는
용기를 내서 "그건 성경책(the Bible)이야"라고 대답했다. 그러자
아무르는 성경책이 뭐냐고 질문했다. 나는 이 친구가 장난을
치는 건가 하고 다시 한 번 눈을 마주쳤지만 아무르의 표정은
진지했다. "성경책의 정의를 알려 줘"라며 나를 재촉하는
아무르의 말에 '아, 이 친구가 장난치는 게 아니구나' 하던 찰나
다른 친구가 주제를 바꾸는 바람에 대화는 끊어졌다. 그날 밤
나는 잠들 때까지 멍한 기분을 떨칠 수가 없었다.

이곳에서 신앙은 문화적 배경이자 무늬에 지나지 않을 때도
참 많다. 하루에 한 번도 기도하지 않는 무슬림 친구들도
있다. 그리고 무슬림이든 기독교인이든 가족 단위로 개인의
종교가 결정된다. 자기를 기독교 집안에서 태어났다는 이유로
기독교인이라고 규정하고는 일 년에 두 번, 크리스마스와
부활절에 교회에 출석하는 사람들도 물론 있다.
베들레헴에서는 가족 단위로 같은 종교를 믿는 분위기라서
신앙을 바꾸는 경우는 드물다. 어떻게 보면 복음을 나누어도
열매를 기대하기 힘든 것이다. 개종할 경우 가족의 압력을
감당해야 하고, 가족 관계가 끊어지기도 한다. 수업을 같이
들었던 친구 압델 하피즈 허바위^{Abd Al Hafiz Herbawi}는 크리스천 여자와

결혼한 자신의 무슬림 친구 이야기를 해주었다. 결혼 후
여자는 이슬람으로 개종했고, 남편의 일가에 의지해야 했다고
한다. 기독교 가문이었던 그녀의 가족으로부터 끊어졌기
때문이다. 그는 이 일이 서안지구 전체에서 유명해졌다며
눈에 불을 켰다. 그만큼 무슬림-크리스천 간의 결혼이 극히
드물다는 반증이기도 했다. 수업을 같이 듣는 야라 제라쉬^{Yara Jerashi}는 아버지를 따라 무슬림이 되었다. 그녀의 어머니는
크리스천이지만 집안에서는 아버지의 신앙을 따르는 게
전통이기 때문이다. 하지만 야라는 가끔 어머니와 탄생교회에
찾아가 기도를 올리곤 한다고. 독실한 무슬림이 듣는다면
'우상숭배'라고 규탄할 만한, 일이 아닐까 싶었다.

지내면 지낼수록 신앙은 여기 사람들의 겉모양을 결정하는
정도밖에 안 된다는 현지 선교사님 말씀을 실감했다.
안타깝지만 내 주위에는 진지한 크리스천들이 거의 없었다.
이곳의 기독교는 전반적으로 침체되어 있는 분위기였다. 사실
이곳에서 만난 크리스천 하면 우리 집 아래층에 살던 아저씨가
떠오른다. 이 아저씨가 무슬림을 보는 시각이 조금 살벌했기
때문이다. 초반부터 아저씨는 문단속을 잘하라며 무슬림들이
주변에 살고 있다고 몇 번씩 강조했다. 어느 날에는 옆집의 닭
우는 소리가 너무 시끄럽다며 "바보 같은 사람이야. 무슬림,
무슬림……"이라며 손을 휘저었다.
이곳에서 사역하는 선교사님들은 팔레스타인 크리스천의
역할이 매우 중요하다고 거듭 강조했다. 유대인과 아랍인

사이의 갈등을 메우고 복음의 능력으로 이들의 틈을 메울
수 있는 징검다리 역할을 할 수 있기 때문이다. 팔레스타인의
그리스도인들이 눈을 떠서 무슬림들의 마음을 치료하고 분쟁의
중재자 역할을 감당한다면 그 물결은 분명 감당할 수 없을
것이다. 이는 선교사님이 다같이 모인 자리에서 함께 기도하던
내용이기도 했다.

이곳 교회가 사도행전에 등장하는 초대교회와 같았다면
어떤 역사가 일어났을까? 2,000년 기독교 역사를 자랑하는
베들레헴이지만 오늘날 이 땅의 잠잠한 기독교는 사도행전에서
읽었던 초대교회와는 분명히 달랐다.

캠퍼스 사람들

베들레헴 대학교에 처음 갔을 때 '왜 이렇게 여학생들이
많지?' 하고 갸우뚱했던 기억이 난다. 베들레헴 대학교의
76%가 여학생이었는데 남학생보다 세 배나 많은 셈이다. 가장
큰 이유는 여학생들이 입학 시험에서 더 높은 점수를 받기
때문이라고. 공부를 잘하는 남학생은 아예 해외로 유학을
보내는 이곳 문화도 한몫을 한다.

"나는 쉬운 여자가 아니에요"

신기하게도 베들레헴 대학 캠퍼스에서는 "니하오" 소리를 거의
듣지 않았다. 이곳에서는 한국에 대한 인지도가 꽤 높다. 나는

어색한 한국어로 인사해 주는 캠퍼스 사람들을 첫 주에만 세
명 마주쳤다. 나도 덩달아 한국어로 인사하고 한국어 문장을
몇 마디 가르쳐 주곤 했다. 낯선 나에게 말을 걸며 한국에서
왔냐고 물어보는 학생들도 있었다. 이 사람들은 설렘에 찬
표정으로 한국, 특히 서울에 꼭 가보고 싶다는 말을 빼놓지
않았다. 한국 사랑이 제일 유별난 친구는 바로 데이지 라마^{Daisy}
^{Lama}였다.

데이지는 한국어와 한국 요리에 관심이 많은 친구다.
2013년에는 우리나라에서 열린 유튜브 한국 요리 레시피
대회에도 참가했다(예선에서 탈락했다며 자기 비디오를 비공개로 바꿨다).
학기 중에도 데이지는 한국 요리를 해주겠다며 나를 초대해
주었고, 우리는 김밥을 말고 전을 부치며 한국과 서울 그리고
아이돌 가수 이야기를 나누었다. 데이지가 말아 준 김밥은
양고기가 들어가 팔레스타인 향이 물씬 풍기는 맛이었다.
예루살렘에 나가 구했다는 단무지, 그리고 난생 처음 보는
재료까지 들어가 더욱 이국적인 맛이 났다.

데이지는 방으로 들어가더니 두꺼운 노트 한 권을 들고 와
내게 건네 주었다. 노트에는 한국어 문장과 단어, 문법 공부
내용으로 차 있었다. 내가 깜짝 놀라서 "누구한테 과외받고 있는
거야?"라고 물어보았더니 데이지는 "아니, 혼자 인터넷 강의로
배운 거야"라고 말했다. 자세히 들여다보니 초보자 치고는
수준 있는 예문들이 한국어로 쓰여 있었다. 그러나 "나는

쉬운 여자가 아니에요", "어젯밤 과음을 했더니 오늘은 머리가
아프다"라는 문장에는 나도 모르게 웃음이 터졌다.

사실 베들레헴 캠퍼스에서 한국이 이렇게 알려진 데는
'한국의 날' 행사의 공이 크다. 행사 기간에 한국 음식과 노래,
복장이 캠퍼스 사람들에게 소개되었고, 그때부터 한국에 대한
인지도가 급격히 높아졌다. 하지만 첫 행사는 조금 민망했다고.
보통 행사가 아니라는 걸 보여 주려고 티켓 값 20세켈(6,000원)을
받았지만 계획한 컨텐츠가 별로 없어서 준비한 사람이 다
창피했다고 한다. 처음으로 한국의 날 행사를 준비했던 한국인
중 한 분은 어떤 음식을 준비해야 할지 몰라서 "현지인들은
다 짜게 먹지, 뭐" 하고 김밥과 전에 소금을 쳤다는 웃지 못할
일화를 들려주셨다(팔레스타인 음식은 대체로 짠 편이다).

다행히 한국의 날은 조금씩 풍성해졌고, 캠퍼스에 한국을
알리는 공신으로 자리잡았다. 학교 벽에 행사 사진이 걸려
있는데, 사진 속 한국 사람들이 한복을 입고 노래를 부르고
있었다. 뒤에 있는 스크린에는 아리랑의 가사가 영어로 띄워져
있었다. 이 척박한 베들레헴 땅에서 한국을 알리려는 노력이
계속되어 왔다는 게 그저 뿌듯했다.

학교 컴퓨터실에는 한국 국제협력단^{KOICA}의 손길도 남아
있다. '팔레스타인 가자 및 서안지구 내 학교 컴퓨터실습실
지원사업'의 일환으로 베들레헴 대학교에 컴퓨터를 무상으로
설치했기 때문이다. 학교 컴퓨터에는 'KOICA'라는 단어와
'Republic of Korea'라는 단어가 자랑스럽게 박혀 있었다.

능숙한 솜씨로 김밥을 마는 데이지. 한번 해보겠냐
는 데이지의 말에 난생 처음으로 김밥을 싸보았는데
아무리 해도 데이지가 만든 김밥을 따라가지 못해 조
금 민망했다.

컴퓨터실에서 컴퓨터를 켤 때마다 보이던 이 태극무늬 마크가
반가웠다.

꽃보다 남자

한국에서 왔다고 하면 여학생들은 얼굴을 붉히며 한국
드라마가 좋다고들 한다. 베들레헴에서는 MBC4라는 녀석이
한류의 물줄기를 이 땅으로 흘려 보내고 있다. MBC4는
문화방송이 아니라 중동 방송국^{Middle Eastern Broadcasting Center}의 약자이다.
한국 드라마 전용 채널은 아니지만, KBS World와 함께 다수의
한국 프로그램을 방영하는 한류의 공신이다. 이곳에서 제일
잘나가는 드라마는 〈꽃보다 남자〉였다. 우리나라에서 한물
간 지 오래인 드라마가 〈보이즈 오버·플라워^{Boys over Flowers}〉라는
이름으로 여기에서 다시 인기몰이를 하고 있었다. 이 드라마
이야기를 할 때마다 여학생들은 "민호, 민호"를 수줍게 외치며
얼굴을 붉혔다.
한국 프로는 너무 진지하지 않고, 재미있게 볼 수 있어서 참
좋다고들 한다. 하지만 현지 TV로 본 한국 드라마는 죄다
아랍어로 더빙되어 어색했다. 한국어의 감칠맛이 온데간데없이
사라져 있었다. 특히 〈드림하이〉에서 한국 노래를 아랍 성우가
꾸역꾸역 부르는 장면을 보며 나는 "이게 뭐야!"를 내뱉고
말았다.
한국어를 조금 할 줄 아는 사라는 아랍어 더빙이 너무 어색해서

웃긴 것도 있다고 귀뜸해 주었다. 사실 이 문제로 MBC4 페이지에
아랍어 더빙을 항의하는 사람들이 늘어나고 있다고. 한국
배우들의 진짜 목소리를 듣고 싶다며 자막을 요구하는
사람들이 항의성 글을 남기고 있단다. 나는 한국 드라마가 이
땅에서도 명맥을 유지하고 있다는 게 대견스럽다는 생각만
들어 카메라로 한국 드라마가 나오는 TV를 통째로 찍어댔다.
친구들은 그러는 나를 이해할 수가 없다며 우스꽝스러운 표정을
짓곤 했다.

K팝을 좋아한다는 여학생들은 나보다 K팝에 대해 훨씬 더
많이 알고 있었다. 몇몇은 "너 한국인 맞아?"라고 나에게
되물을 정도였다. 내가 아는 K팝 가수는 다섯 손가락에 꼽을
정도였지만, 이들 여학생들은 내가 전혀 모르는 그룹 이름과
멤버 이름까지 알고 있었다. 게다가 언제 등장했는지 모를 새
그룹과 노래까지 알고 있었다. 디나는 비스트의 열성 팬이다.
요섭을 제일 좋아한다는 그녀의 MP3는 비스트의 노래로 가득
차 있었다. 디나의 친구 조제트 리즈칼라GeorGette RizQallah는 2PM의
열성 팬이다. 비스트가 낫느니 2PM이 낫느니 하며 토론하던
디나와 조제트의 모습은 발랄한 여고생 같았다.

물론 지금까지의 이야기는 죄다 여학생들에게만 해당되는
이야기다. 남학생들은 그냥 (가수 싸이의) 강남스타일이다. 자기
아파트에 나를 초대해 다같이 강남스타일 음악에 맞추어 춤을
추는가 하면, 내가 한국인이라는 걸 아는 시장 아저씨들은

아무르의 집에 초대받아 이런저런 이야기를 나누던 중 한 친구가 휴대폰으로 강남스타일 노래를 틀자 다들 소리를 지르며 일어나 춤을 추기 시작했다. 갑자기 바뀐 분위기에 어쩔 줄 몰라 사진만 찍어대던 나까지 끌려 일어났고 우리를 휴대폰으로 촬영하던 친구들까지 곧 가세했다.

"등록금, 비싸요"

베들레헴 대학교에서는 등록금 말이 참 많았다. 한 학기에
900디나르(136만 원)까지 달하는 등록금은 베들레헴 사람들에게
감당하기 버거운 금액이다. 한때 화제가 되었던 우리나라의
반값 등록금 시위처럼 이곳에서도 등록금 관련 시위가 많다.
바로 지난 학기만 해도 등록금 문제로 충돌이 발생해 수업이
줄줄이 취소된 날들이 있었다. 안 그래도 열악한 환경에서
공부하는 팔레스타인 소재 대학교에서 안타까운 모습이었다.

등록금 이야기는 수업 시간에도 거론되었다. 그런데 우리 반
사람들의 반응은 의외로 냉담했다. "80%의 학생들이 무사히
등록금을 내고 학교 수업에 오는데, 등록금을 마련하지 못한
20%를 위해 파업을 허락하는 것은 있을 수가 없습니다"라고
입을 모았기 때문이다. 80%는 파업에 의한 피해 없이 수업을
듣고 싶어 한다는 것이었다. 나중에는 "그 80%가 그 액수를
내고 싶어서 순순히 냈을 거라고 가정해서는 안 되죠"라는
주장까지 나오며 교실 분위기는 달아올랐고, 곧이어 학생들은
아랍어로 토론하기 시작했다(영어로 진행되는 수업이라도 학생들은
흥분하면 아랍어로 이야기한다). 나는 어리벙벙하게 토론을

지켜보았고, 교수님의 중재에 그제야 분위기는 진정되었다.
학기가 시작된 지 3주 후에는 총학생회 사람들이 광장에서
등록금 관련 연설까지 했다. 이 시위 때문에 1~2시 사이의
수업은 모두 취소됐다. 광장에 모인 사람들은 흥분에 찬
총학생회 사람들의 연설을 들었다. 자신감과 분노에 가득 찬
열혈 청년의 아랍어 연설이었다. 무슨 내용인지 물어봤더니,
비르제이트 대학교에서 등록금을 못 내서 몇몇 학생들이
퇴학당했고, 우리도 그다음이 될 수 있다는 내용이라고
귀띔해 주었다. 인근 대학에서 일어난 일에 대한 일종의
추모였다. 이어서 등록금 인하 운동을 촉구하는 내용의 연설도
이어졌다고. 나의 첫 반응은 "너무 오지랖 넓은 거 아닌가"였다.
하지만 그만큼 현실이 어렵다는 증언이기도 했다. 약 2주 후에
그 비르제이트 대학교에서는 등록금 인상을 반대하는 학생들이
파업을 외치며 교수진들의 학교 진입을 막아 기삿거리가 되었다.
200명이 넘는 학생들이 인간 띠를 만들어 대항하면서 학생들과
학부장이 부상을 입었다.[4]

해 질 녘 캠퍼스

어둑어둑해지기 시작하면 베들레헴 대학교 캠퍼스는 갑자기
조용해진다. 마지막 수업을 마친 사람들은 뿔뿔이 흩어지고,
캠퍼스는 오후 5시부터 텅 빈다. 6시가 되면 경비 아저씨가
학교를 돌아다니며 사람들을 내보내곤 한다. 24시간 개방하는

한국의 도서관과는 달리 도서관과 열람실은 오후 4시에
닫는다. 물론 주말에는 내내 닫는다. 주말에는 도서관뿐 아니라
학교 전체가 멈추곤 했다. 주말에 캠퍼스에 들어가려고 하면
정문에서 경비원 아저씨가 무슨 일로 출입하냐고 물어보곤
했다. 24시간에 익숙해진 한국인들에게는 상상하기 힘든
시스템이다.

학교가 끝나면 뭐하냐고 물어보면 다들 집에 가서 부모님을
돕는다고, 혹은 숙제를 한다고 한다. 친구들 집에 놀러 가기도
하지만, 각자의 집에서 집안 일을 돕거나 조용한 시간을 보내는
게 더 일반적이다. 인구 2백만이 넘는 이곳 서안지구에 영화관은

학생회 측 사람들이 학교 광장에 모여 등록금 관련
연설을 하고 있다. 학생들은 광장에 모여들었고 진지
한 표정으로 지켜보았다. 분노에 찬 듯한 학생회 임
원들의 연설에 학생들은 마지막에 뜨거운 박수를 보
냈다.

총 7개밖에 없을 정도로 여가 시설은 찾아보기 힘들다. 좋게
말하면 평화롭고, 솔직히 말하면 재미 없는 곳이었다.
사실 캠퍼스뿐만 아니라 도시 전체도 해가 지면서 갑자기
조용해진다. 공기가 선선해지고 날이 어둑어둑해지기 시작하면
그 바쁜 시장 골목도 조용해지기 시작하고 사람들의 왕래는
뜸해진다.

최하위 문맹률

그러나 이곳은 낮 동안에는 활력이 넘친다. 특히 수업 시간은
내가 본 어떤 학교보다도 활기찼다. 베들레헴 대학교 사람들에
비하면 한국 사람들은 앉아서 듣기만 하는 로봇이다. 이곳
학교에서는 너도나도 발표를 하려고 손을 들거나, 아예 말을
내뱉어 버린다. 교수님이 학생 한 명을 지목해서 질문할 때도
주변 학생들이 너도나도 답을 얘기해 버리는 통에 진지한
분위기가 박살 나곤 했다. 학우들은 서로 자신의 생각을
이야기하려고 손을 들고 교수님과 눈을 마주치기를 기다린다.
그렇게 20초 동안 손을 들고 있다가 강의에 열중하는 교수님을
확인하고는 그제야 손을 스르르 내린다.

나에게는 이 광경이 신기하기 그지없었다. 수업은 100%
영어로 진행되었지만 다들 아무런 망설임 없이 영어로 발표를
하고 열변을 토했다. 심지어 자신들끼리 속닥거릴 때도 영어로

속닥거렸다. 한국에서는 보기 힘든 광경이었다. 미국 학교에서
본 풍경보다 더 역동적이었다. 궁금한 게 있으면 그 자리에서
바로 질문하고, 친구에게 물어서라도 그 자리에서 해결하는
분위기였기 때문이다.

그래서인지 가끔씩은 분위기가 산만해진다. 시험 시간에
대놓고 떠드는 바람에 교수님이 단단히 화가 날 때도 있었다.
과감하게 시험지를 빼앗는 분이 아니라서 시험 시간에 말하지
말라고 격앙된 목소리로 거듭 경고했지만 뒷자리에서는
소곤대는 소리가 끊이지 않았다. 교수님의 화가 폭발해 무슨

수업 시간. 다들 손들 준비를 하고 있다. 가끔씩은 구
부정한 자세로 앉아 다른 생각을 하는 것 같은 학생
도 있었다. 하지만 수업이 끝나고 이야기해 보면 수업
내용을 죄다 듣고 있었다는 사실에 새삼 놀랄 때가
많았다.

일이 생기지는 않을까 하고 내가 다 조마조마해지곤 했다.
러시아 출신 우주비행사가 학교를 방문한 적이 있었는데
산만한 분위기에 실망한 마음으로 캠퍼스를 떠났다고 한다.
수업 시간에 교수님은 왜 이렇게 집중하지 못하냐고 학생들을
다그치며 "그런 태도로 어떻게 문명화된 사회를 만들 수
있겠냐"며 언성을 높였다.

수업 시간에는 엉뚱한 질문과 말도 많이 나왔다. 특히 철학 수업
때는 지나치게 등장인물의 이야기에 집착했다. 철학 교과서가
소설이었기 때문이었을까? 소피라는 소녀가 철학을 배워 가며
변해 가는 내용이었는데, 학생들은 철학자에 관한 내용만큼이나
소피의 이야기에 집중했다. 첫 수업 때 나온 질문은 소피가
실존인물이냐는 질문이었다. 잇따라 발표한 학생들도 예외 없이
소피에게 있었던 일들을 조목조목 설명하느라 시간을 너무 많이
썼고, 교수님은 핵심으로 들어가라며 학생들을 다그치셨다.

이 땅에는 분명히 희망이 있다. 교육에 대한 열망이 뜨겁기
때문이다. 현지인 나할라 사르한[Nahla Sarhan]은 "우리는 길바닥에서
장사를 해도 되지만 아이들만은 학교에 가서 대학에 들어가야
해요"라며 부모의 심정을 말해 주었다.
유엔개발계획[UNDP]은 2013년에 팔레스타인 아동의 초/중학교
진학률이 91%, 고등학교 진학률이 86%에 달한다고 보고했다.
게다가 15세 이상의 문맹률은 5.1%로 아랍권에서는
최하위다(이집트 28%, 요르단 7.3%)[5]. 하지만 경제적 여건이 좋지
않아 대학 진학률은 50.2%에 그쳤다. 그래도 베들레헴 땅에서

지식인이 양성되어 팔레스타인의 상황이 개선될 날이 오지 않을까 생각해본다. 한창 어려울 때 학부모의 뜨거운 교육열이 우리나라를 살렸듯이 이곳 사람들도 언젠가는 더 나은 미래를 맞이하지 않을까?

하 마 스 와 파 타

'Harakat al-Muqawamah al-Islamiyyah.' 이것은 팔레스타인
정당 하마스^{Hamas}의 진짜 이름이다. 이슬람 저항 운동을
의미하는 하마스는 지하드(성전, 聖戰)로써의 팔레스타인
해방이 모든 무슬림의 의무라고 외치는 급진적인 정당이다.
이스라엘이 점령을 끝내고 1967년 이전의 영토로 물러나도록
주력하고 있는 하마스는 2007년 가자지구에 자신의 터전을
만들었다. 베들레헴이 있는 서안지구와는 끊어져 있는 셈이다.
가자지구를 기반으로 수시로 이스라엘 땅에 로켓과 박격포를
발사하기로 유명한 이 정당은 이스라엘의 주요 타겟이다.
아마도 팔레스타인의 이미지를 '전쟁터'로 만든 데는 하마스의
역할이 컸을 것이다. 산하 무장단체인 이즈 아딘 알 카삼<sup>Izz Adin Al-
Qassam</sup> 여단은 이스라엘인을 겨냥한 공격으로 악명이 높아 유럽

연합, 미국 등에 의해 테러리스트 단체로 분류된다. 하지만
팔레스타인 현지인에게 있어서 하마스는 민간 구호사업과
자선사업으로도 널리 알려져 있다. 2006년에 자살폭탄테러를
멈추겠다고 선언한 후로 테러는 현저히 줄었지만, 로켓
공격은 계속되어 2008년부터 2013년까지 다른 무장단체와
함께 이스라엘 영토로 발사한 로켓과 박격포만 7,968발에
이른다(명중률이 매우 낮아 인명 피해는 40여 명에 그쳤다).[6]

반면 이곳 서안지구에서는 파타Fatah당이 실권을 쥐고 있다.
2014년에 파타와 하마스가 극적인 화해를 하며 하마스가
서안지구에서 입지를 넓히긴 했지만 베들레헴도 사실상 파타당
아래에 있다. 두 정당 모두 팔레스타인의 해방을 목표하고
있지만, 파타당은 대화와 타협을 포함한 더 온건한 방법을
추구한다. 한때는 서안지구인 베들레헴이 하마스의 초록
깃발로 덮인 적이 있었다. 부패하고 온건한 파타당에 시민들이
실망했을 때였다. 현지인들을 대상으로 자선활동을 펼치며
이스라엘에게 자신의 목소리를 명확히 하던 하마스는 당시
큰 인기를 얻었다. 지나치게 부패하고 내분으로 갈라져 있던
파타에 비해 하마스는 현지인에게 훌륭한 대안으로 부상했다.
하마스를 저지하려는 이스라엘과 미국의 압력은 오히려
반작용을 낳았고, 하마스는 2006년 총선에서 132석 중 74석을
얻으며 파타당을 눌렀다. 하마스가 지원한 무소속 후보자까지
합치면 78석이나 다름없었다.[7]
하지만 정권을 잡은 하마스는 러시아, 유럽 연합, 미국, 유엔의

요구(폭력행위 중지, 이스라엘 인정, 이전 이-팔 조약 수용)를 거부했고,
그 결과 서방과 이스라엘로부터의 지원이 갑작스럽게 끊겨
팔레스타인은 공황에 빠졌다. 그리고 권력 이양 과정에서
파타와 하마스 사이의 피비린내 나는 충돌이 발생했다.
팔레스타인 자치정부는 다음 해 비상사태를 선포했고,
이로써 양 진영은 무법 천지에서 서로를 공격하며 끔찍한
폭력으로 땅을 물들이고 말았다.[8] 이 일주일 동안에만 161명이
사망했으니 팔레스타인은 혼란 그 자체였다.[9] 이후 하마스로
이루어진 새 정부가 해산되면서 사태가 진정되었지만,
팔레스타인은 이미 가자지구(하마스)와 서안지구(파타)로 분열된
후였다.

베들레헴은 그렇게 다시 파타에게 돌아왔다. 한국
사람들에게는 거의 알려지지 않은 제파 샤베야[Jabha Sha'beya] 등의
좌익 정당도 있지만 베들레헴에서는 파타당이 압도적인 지지를
얻는다. 2014년 4월에 극적인 화해를 하기 전까지만 해도
파타당은 하마스와 협상을 벌이며 신경전을 계속하곤 했다.
베들레헴 현지인들은 팔레스타인을 분열시키려는 미국과
이스라엘의 작전이 이렇게 성공했다고 비꼬곤 했다. 물론
하마스와 파타가 화해하자 이스라엘은 테러리스트와 손잡은
자와는 협상할 수 없다며 발끈했다.

사실 베들레헴에서 하마스를 상징하는 초록 깃발은 거의
찾아볼 수가 없었다. 이름도 듣기 힘들었다. 베들레헴 대학교의

행정부, 학생회부터 학교 부처까지 파타당 당원들이 대부분을
차지하고 있다. 특히 베들레헴 대학교 학생회 임원들은 대부분
파타 청년 운동^Fatah Youth Movement의 회원들로, 파타당과 관련된
활동, 연설 등을 자주 열곤 했다. 캠퍼스는 한 달에 한두
번씩 파타당을 상징하는 노란 깃발로 수놓아졌고, 파타당
활동가들이 학교에 찾아와 학생회 임원들과 함께 대강당에서
행사를 진행하기도 했다. 이때마다 체크무늬 스카프를 두른
사람들이 파타당 깃발을 들고 구호를 힘차게 외쳐 댔다.
우리나라 대학 집회에서 새누리당이나 새정치민주연합을
이렇게 응원했다면 어떤 반응이 돌아왔을까? 우리나라와 달리
이곳 사람들은 자신이 지지하지 않는 정당에 적대감을 드러내는
경우가 거의 없었다. 팔레스타인의 해방이라는 이념이 그 어떠한
것보다 끈끈한 접착제가 되기 때문은 아닐까 싶었다.

베들레헴 사람들, 아니 팔레스타인 사람들에게 11월 11일은
빼빼로데이가 아니다. 바로 야세르 아라파트^Yasser Arafat의
사망일이다. 전 팔레스타인 자치정부의 수반이자 파타당과
팔레스타인 해방기구의 대표였던 만큼 아라파트를 모르는
팔레스타인 사람들은 없다. 그래서인지 11월 11일에는 캠퍼스가
아라파트의 사진으로 수놓아졌다. 파타당을 상징하는 노란
깃발은 물론, 아라파트를 추모하는 거대한 벽보들도 캠퍼스 벽에
나붙었다. 학생회 임원들은 학교 광장에서 아라파트를 추모하는
우렁찬 연설을 했고, 광장은 체크무늬 스카프를 두른 학생들로
가득 찼다. 어떤 정치인이나 반대파가 있기 마련일 텐데

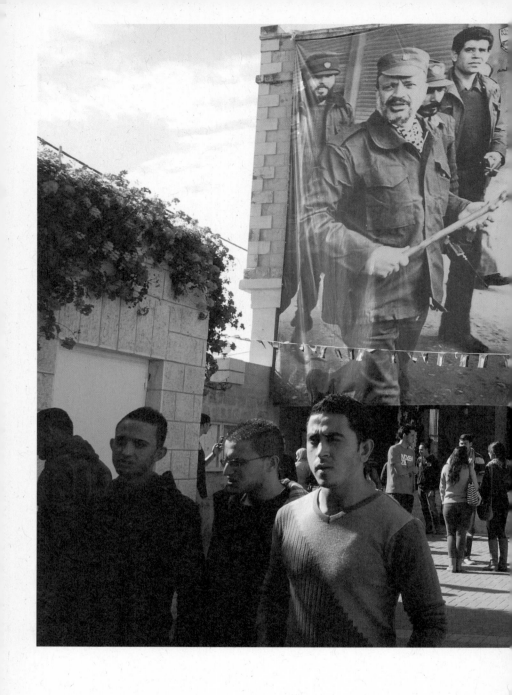

11월 11일 아라파트 추모일의 캠퍼스. 다른 날○
에 붙곤 했지만 이날 붙은 것은 어느 때보다 ○
타협자라고 부르기도 하지만 10년이 지난 지금
자다.

아라파트의 사진이 한두 번씩 캠퍼스

다. 일각에서는 아라파트를 독재자,

라파트는 현지인에게 존경받는 지도

신기하게도 이 광경을 언짢아하는 사람은 한 명도 보지 못했다.
베들레헴 사람들은 정치적으로 내가 맞느니 네가 맞느냐 하며
싸우지 않는 편이었다. 나는 다시 '어떤 팔레스타인 정치인이든
간에 공공의 적 이스라엘과 투쟁하기 때문일까?' 하고 생각했다.

파타당 사람들은 정말 자신감에 차 있다. 그래서 요란할
때가 많다. 식당에서 친구들과 대화를 하고 있는데, 파타당
총학생회 임원이 들어와서는 확성기로 몇 분 동안 시끄러운
연설을 하고는 사람들의 우렁찬 박수를 받으며 나갔다. 나는
처절하고 분노에 가득 찬 목소리에 놀랐다. 생사가 달린 일을
놓고 투쟁하는 투사의 모습이었다. 나는 십중팔구 이스라엘을
규탄하는 연설이려니 하고 옆에 있던 사람에게 무슨 뜻이었냐고
물어보았다. 그러자 사람들은 그냥 파타당을 홍보하는
내용이라며 싱겁게 대답해 주었다. 이 친구들은 파타당의
"내가 옳아. 나만 옳다구" 식의 독단과 자만심이 정말 싫다고
덧붙였다. 미국과 이스라엘이 팔레스타인을 분열시키기 위해
파타를 이용하고 있다는 것이다. 하마스와 파타를 상황에
따라 당근과 채찍으로 성장시켜 팔레스타인인의 여론을 갈라
놓는다는 말이었다. 분열된 팔레스타인이 미국과 이스라엘의
이해관계에 더 잘 들어맞는다는 걸 알고 있었던 걸까.

파타 청년 운동의 회원인 므라드 사야아라[Murad Saya'ra]는 왜
파타당을 지지하냐는 질문에 그저 웃었다. 옆에 있던
친구도 "아무 이유 없지?" 하며 덩달아 웃었다. 웃음을 그친

므라드는 파타당이 먼저 이스라엘을 싫어해 왔기 때문이라고
말해 주었다. 파타당은 1957년부터, 하마스는 1988년부터
이스라엘을 미워해 왔기 때문이라는 것이었다. 그건 하마스가
늦게 생긴 거니까 당연한 게 아니냐는 질문에 "하마스와
파타는 형제야"라는 대답만 돌아왔다. 나는 "하마스가 자꾸
이스라엘을 자극해서 우리에게 좋지 않아"라는 식의 대답을
예상했지만 어떤 친구에게도 그런 대답은 나오지 않았다.

같은 파타 청년 운동의 회원인 암자드 자와즈레[Amjaad Jauazreh]는
야세르 아라파트가 팔레스타인 사람들의 권리를 위해 노력한,
그리고 혁명을 외친 지도자라고 말했다. 하지만 2004년
아라파트가 사망한 이후로 마흐무드 압바스가 주축이 된
파타당이 이스라엘과의 타협의 길에 들어섰다며 안타까운
표정을 지었다. 그녀 자신은 아직 파타당을 지지하지만
파타에서 내리는 모든 결정에 동의하지는 않는다고 덧붙였다.
그녀의 관심사는 야세르 아라파트였다. 사실 그녀뿐 아니라
베들레헴 대학교의 파타 회원들도 아라파트에 더 관심이 많아
보였다.
물론 정치에 환멸을 느끼는 사람들도 여럿 있다. 이 사람들은
어느 당도 지지하지 않는다. 이 사람들이 보기에는 파타나
하마스나 다 똑같다. 영문학을 가르치는 마이 나쌀[Mai Nassar]
교수님은 점령 현실에 대해 이야기하며 "누구도 이 점령
상황을 바꾸고 싶어 하지 않아. 이스라엘, 미국, 주변 아랍 국가,
파타당, 하마스까지!" 내가 화들짝 놀라 왜 파타와 하마스를

언급했냐고 질문하니 "하마스는 가자지구에 자기만의 제국을
만들었지. 게다가 (터널을 통해) 마음대로 이집트를 드나들 수도
있는데 왜 굳이 상황을 바꾸려 하겠니? 그리고 파타당은 주변에
이스라엘을 두길 원해. 하마스가 올라오는 걸 이스라엘이 막아
주거든. 이 두 정당은 완전히 다른 문화를 만들었고, 서로를
견제하느라 바쁘지"라고 말씀했다. 교수님은 그래서 점령이
끝나지 않을 거라며 진지한 표정으로 눈을 마주쳤다.

각 정당이 자신의 이익을 취하고 기득권을 유지하기 위해
점령 현실을 이용한다는 사람들은 캠퍼스에서도, 주변에서도
어렵잖게 만날 수 있었다. 가게를 운영하는 사우산 리쉬마위[Sawsan
Rishmawi] 씨는 이스라엘과 떼놓을 수 없을 정도로 서로 얽힌
경제 상황을 이야기하며 팔레스타인 자치정부나 이스라엘
정부나 한 마음을 가지고 일하는 것 같다며 허탈하게 웃었다.
그녀는 팔레스타인 정부가 현 상황에 만족해하는 것 같다며
"팔레스타인 독립 국가를 위해서라면 이스라엘에 무엇이라도
주고 싶어 하는 것 같아요"라고도 덧붙였다. 팔레스타인을
분열시키고 이들이 현 상태에 만족하도록 하는 미국과
이스라엘의 전략이 성공한 걸까? 어느 나라에서나 볼 수 있는
정치적인 환멸감이지만 베들레헴 땅에서 목격한 이 환멸감은 더
쓴맛이 났다.

베들레헴의 모조 간판

가끔은 기발하고 가끔은 우스꽝스럽다.
관광객들은 신기하다는 듯 이들 간판을 찍어 간다.

탄 생 교 회 가   걸 어 서   1 0 분

뭐니뭐니 해도 베들레헴의 상징은 예수 그리스도가
탄생했다는 그 마구간이다. 그 유명한 마구간 위에 4세기에
세워진 탄생교회가 있다. 전 세계에서 이 교회를 보기 위해,
그리고 그리스도가 탄생했다는 그 장소에 입을 맞추기 위해
교회를 찾는다. 도시 수입의 약 65%를 관광수입에 의존하는
베들레헴에게 탄생교회는 도시의 명물이다.[10] 2012년에는 이
탄생교회가 유네스코 세계 문화유산에 등재되어 현지인들을
환호하게 했다. 전 세계 성지순례단과 관광객이 찾는 그 교회가
우리 집에서 걸어서 10분 거리에 있었다.

하지만 서울 사람들이 서울 구경을 잘 안 하듯 처음 몇 주
동안 기쁨에 차서 탄생교회에 몇 번 갔지만 곧 시큰둥해졌다.

집 가까이에 있어서인지 이 교회가 특별하게 느껴지지가
않았다. 성지순례를 꿈꾸며 하루하루를 동경 속에서 살아가는
사람들이 들으면 노발대발할 이야기다. 나도 처음 탄생교회에
갔을 때 감격에 휩싸여 교회 안의 기둥들을 만져 보고
사방을 둘러보며 다녔다. 하지만 몇 번 찾아가자 인공적인
공간이 아닌가 하는 생각이 불쑥 올라왔다. '그냥 평범한
마구간이었더라면 더 은혜로웠을 텐데……' 하는 생각에
아쉬울 때도 있었다.

하지만 한편으로는 마구간만 있었다면 참 허술했을지도
모른다는 생각도 했다. 나는 탄생교회를 들를 때마다
이런 복잡한 감정에 휩싸였다. 물론 정확히 어느 지점에서
그리스도가 태어났는지는 확실히 모른다. 내가 베들레헴
대학교로 통학하며 걸었던 길 어딘가에서 그리스도가
태어났을지도 모르는 일이다. 사실 성지들은 '믿거나 말거나'일
때가 참 많다. 아주 틀린 건 아니지만 그렇다고 아주 믿어서도
안 되는 추측성 지역들이 많기 때문이다. 탄생교회도 예외는
아니다. 예수 그리스도가 태어났다는 교회 안 공간에서 사진을
찍고, 입을 맞추고, 손으로 쓰다듬는 순례객들을 보며 저게
쓸데없는 짓이면 어쩌나 싶을 때도 참 많았다.

탄생교회 광장 맞은편에는 거대한 오마르 모스크^{Umar Ibn Al-Khattab}
^{Mosque}가 서 있다. 처음 팔레스타인을 정복한 이슬람 정복자의
이름을 땄다. 규모가 큰 만큼 무슬림 기도 시간을 알리는 소리가

예수 그리스도가 태어났다는 지점이다. 계단을 타고 조심스럽게 내려오면 협소한 공간이 풍기는 퀴퀴한 냄새에 멈칫하게 된다. 조용해질 만하면 순례객이 단체로 들어와 북적거리고, 여기저기서 플래시가 터지곤 한다. 누군가에게는 평생을 꿈꿔 온 목적지이고, 누군가에게는 사진만 찍고 지나가는 관광지일 것이다.

울릴 때마다 꼬불꼬불한 아랍어 소리가 교회 안을 파고들어
왔다. 처음 교회 안에서 이 소리를 들었을 때는 화가 났다.
'세계에서 제일 중요한 교회를 앞에 두고 이렇게까지 요란하게
자신들의 기도를 내보내야 하나?' 마치 '세 신을 섬기는
기독교인들이여, 들어라! 그리고 회개하라!'라고 외치는 것만
같았다.

현지인 친구가 "무슬림들은 교회가 있는 곳마다 모스크를 짓는
것 같아"라고 했던 말이 생각났다. 하지만 다시 생각해 보니
우리도 그럴 자격은 별로 없는 것 같았다. 나는 기독교인이
봉은사에 들어가 설교 CD를 나눠 줬다는 뉴스 기사를
떠올렸고 곧 숙연해졌다. 우상을 파괴한다며 절을 훼손한
우리를 되돌아보면 기념 교회 앞에 모스크 하나 짓는 건
아무것도 아니었다. 탄생교회 광장을 꽉 채운 저 순례객들은
모스크에서 울려 퍼지는 소리를 들으며 무슨 생각을 했을까?

쇼 핑 카 트 를 나 르 는 아 이 들

베들레헴 시장 골목에서는 한국에서 상상할 수 없는 진풍경이
펼쳐진다. 아이들이 대형 마트에서나 볼 법한 쇼핑 카트를 탈탈
끌고 다니기 때문이다. 그늘 아래 앉아 사람들을 부르는 가겟집
아이들과는 달리, 카트를 끌고 다니는 이 아이들은 베일에 싸여
있었다. 학교는 다니는지, 밥은 챙겨 먹는지, 아침 몇 시부터
일을 시작하는지 이 모든 게 참 궁금했다. 나는 아이들의 일상을
들여다볼 생각으로 시장이 제일 붐비는 토요일 아침부터
아이들을 따라다니기 시작했다.

아침 7시부터 아이들이 카트를 만지작거리며 시장에서 하루를
준비하고 있었다. '이제 시작이다!'라고 생각한 나는 곱슬머리
아이를 마음속으로 점찍은 뒤 계속 뒤를 따라다녔다. 대체

하루에 몇 번씩이나 이 분주한 시장 거리를 오가는지, 대체
얼마나 많은 짐을 옮기는지를 알아낼 각오를 하고는, 노트를
손에 쥐고서 힘찬 발걸음으로 따라다녔다. 하지만 아이는 나를
의식했는지 뒤를 돌아보며 언짢아했다. 뜨끔한 나는 아이를
계속 따라다니는 건 실례라는 생각이 불쑥 올라왔다. 사실대로
말하고 허락을 구해야겠다는 생각에 아이에게 다가가 팔라페
샌드위치를 건네며 인사를 했다. 하지만 아이는 냉담하게 손을
휘저으며 갈 길을 갔다. 멈춰 있을 때 다시 다가갔지만 아이는
나를 째려보며 입으로 찍 소리를 냈다. 그 경멸의 눈초리에
겁먹은 나는 다른 아이를 찾아 나섰다. 하지만 두 번째 만난
아이도 따라오는 나를 보고는 손을 휘저으며 "가! 가!(Go!
Go!)"라고 외치며 얼굴을 찌푸렸다. 제대로 인사를 하기도
전이었다. 세 번째 아이는 자꾸 따라다니는 나를 의식하고는
나를 흘겨보며 무언가를 중얼거리고는 지나갔다. 아랍어를
모르는 나에게는 그 단어가 욕으로만 들렸다. 그렇게 네 번째
아이에게서까지 원망스런 눈초리를 받고서 나는 포기하고
말았다. 싫다는데 자꾸 따라다닌다는 죄책감을 이기지
못해서였다. 사실 아이들과는 영어가 통하지 않아 주변의
현지인들에게 통역을 부탁하려고도 했었다. 하지만 아이들은
그러는 동안 멈춰 있을 여유조차 없었고, 겨우 말을 통했던 가게
주인은 길을 잃었냐, 탄생교회에 가고 싶냐는 엉뚱한 말만 했다.

이상하게도 이 아이들은 다들 차갑고 다가가기 어려웠다. 내가
보아 온 베들레헴 아이들과는 전혀 달랐다. 나를 보고 "웰컴!"을

외치던 가겟집 아이들과도 전혀 달랐다. 나는 이 아이들이
다른 부류로 보였다. 삶에 대한 의지가 남달라 보였기 때문이다.
더 편한 일을 할 수도 있었지만 이런 고된 노동을 자처한다는
사실 자체가 무언가를 말해 주는 듯 했다. 그래서인지 카트를
끄는 아이들은 자존심이 남다르게 강했다. 도와주려고 손을
내밀어도 이들은 하나같이 사양했고, 먹을 걸 건네주어도 받은
아이는 한 명도 없었다. 이들의 자존심을 건드린 것만 같아 내가
부끄러웠다. 이런 아이들을 계속 따라다니는 나 자신이 잠시
싫어졌다. 삶을 위해 투쟁하는 이들을 무심하게 따라다니는
것도 폭력이라는 생각에 나는 과감히 발걸음을 돌려 집에
돌아왔다.

아이들은 자기를 필요로 하는 고객과 마주칠 때까지 빈 카트를
탈탈거리며 끌고 다닌다. 택시와 비슷하다. 단 사람이 손으로
끄는 것과 물건만 나른다는 게 다르다. 짐을 잔뜩 든 고객을
만나면 물건을 싣고 고객과 함께 길을 간다. 많은 짐을 들 수
없는 사람들, 대량의 짐을 나르는 사람들이 이 아이들을 잠깐
동안 고용한다. 가끔씩은 카트가 걱정스러울 정도로 짐을 꽉꽉
채워 나르는 아슬아슬한 광경도 펼쳐진다. 비포장 도로가
시작되는 턱이 나오면 이를 악물고 카트를 들어올려 새로운
도로에 올려 놓는다. 카트의 바퀴는 안쪽으로 휘어 있었고,
탈탈거리는 요란한 소리가 시끄러운 시장 골목을 메우곤
했다. 경적을 빵빵 울려 대는 자동차 사이를 다니며 매연을
마시는 아이들을 보는 것 자체가 안쓰러웠다. 그 바글바글한

시장 골목에서 뜨거운 태양을 쬐며 매일 이 일을 반복하고
있었다. 하지만 아이들의 표정에는 힘든 기색이 별로 없었다.
적지 않은 수입을 받기 때문일까? 현지인이 말해 주기를 시장
중앙에서 시장 입구까지 300미터마다 10세켈(3,000원)을 받고,
시장 중앙에서 탄생교회까지의 200미터마다 7세켈(2,100원)을
받는다고 한다.

등교하는 말끔한 차림의 아이들과 남루한 옷을 입고 카트를
끄는 아이들이 서로 스쳐 지나간다. 명품 가방을 무릎에
올려놓고 수업을 듣던 베들레헴 대학교의 몇몇 여학생들이
생각났다. 가방 안이 긁히지 않게 신경 쓰며 책을 넣는 걸 보면
진품이 아닐까 생각이 되었다. 교실에서 아이폰5를 보여 주며
900달러에 샀다고 자랑하던 현지인 친구의 얼굴도 교차했다.

사실 빈부격차는 어디에나 있다. 하지만 베들레헴의 빈부격차는
생존을 논하게 하는 빈부격차였다. 이날 나는 고단한 어린
삶이 우리 집 바깥에서 매일 탈탈거리며 이어지고 있다는
걸 처음으로 배웠다. 그러고 나니 시장 거리가 달리 보이기
시작했다. 그저 조잡한 시장 바닥이 아니라, 현지인들이 삶을
위해 투쟁하는 현장이었다.

이날도 공사가 한창이라 시장 앞부분의 도로기
을 힘겹게 지나가는 한 아이를 찍기 위해 카메
미안한 마음에 어색한 표정을 지었고, 아이는
트가 자꾸 걸리자 아이는 카트를 들어 올리며 아

히 거둬져 있었다. 울퉁불퉁한 바닥

들었다가 서로 눈을 마주쳤다. 나는

갈 길을 갔다. 울퉁불퉁한 길에 카

를 악물었다.

3

분리장벽을 마주하고 있는 아이다 난민촌 풍경. 철조망이 쳐진 벽 뒤로 분리장벽이 햇살을 받으며 드리워져 있다. 누워 있는 아이의 바지는 분리장벽으로, 셔츠는 철조망으로 표현한 이 벽화가 발걸음을 멈추게 했다. 자세히 보니 가슴에 앉아 있는 새는 팔레스타인 국기를 형상화한 것이었다. 장벽이 생긴 이후 자동차도, 사람도 잘 다니지 않는 이 길은 그저 고요했다.

점령

순 교 자 대 테 러 리 스 트

베들레헴 골목을 걷다 보면 '순교자' 포스터와 심심찮게
마주친다. 사진 속 사람들은 하나같이 머리에 띠를 두르고
결연한 표정으로 나를 쳐다보고 있었다. 몇몇 사람들은 총을
들고 있고, 한쪽 주먹을 불끈 쥐고 있다. 모두 이스라엘 군에
의해 살해된 사람들이다. 이스라엘과 서방이 '테러리스트'라고
부르는 사람들이다. 하지만 이곳 사람들에게는 자유를 위해
목숨을 바친 순교자로 여겨진다.

베들레헴은 갈등의 소용돌이 안에 있는 만큼 우여곡절이
많은 땅이다. 2차 인티파다가 한창이던 2002년 4월에는
급증하는 민간인 공격에 대한 대응으로 이스라엘 군이 도시
전체를 봉쇄했다. 우리가 월드컵 4강 신화에 젖어 있는 동안

베들레헴에는 계엄령이 내려졌고, 전기와 물 공급도 끊어졌다.
유엔을 비롯한 원조 인력의 출입도 제한되었다. 베들레헴에서
2002년 한 해 동안 내려진 24시간 통금일만 156일이었다.[1]
서안지구 주요 도시가 모두 이렇게 폐쇄되었다. 현지인들은
이스라엘 군이 탱크를 몰고 거리로 들어와 산발적으로 발포해
사람들을 공포에 몰아넣었다며 언성을 높였다. 2000년
이후 이스라엘의 통제가 강화되면서 한 달에 10만 명이었던
베들레헴의 관광객이 7천 여 명으로 뚝 떨어지기도 했다.[2] 반면
이스라엘 측은 이 작전 이후 자살폭탄 테러가 급감했다고
평가하곤 한다.

탄생교회 광장 앞에서는 산발적으로 시위가 발생했고, 게릴라
군이 이스라엘 군과 대치하며 총격전까지 벌였다. 이때만 해도
탄생교회는 게릴라 군의 피난처가 되곤 했다. 이 무렵에는
히브리어가 쓰인 봉지만 들고 다녀도 현지인에게 공격당했다
한다.

하지만 지금도 평화롭지만은 않다. 2012년 오바마 대통령이
베들레헴을 방문했을 때는 격렬한 시위가 발생했고, 현지인들은
오바마의 초상화에 신발을 던지며 분풀이를 하곤 했다. 같은
해 이스라엘이 가자지구를 공습하자 베들레헴에서도 시위가
발생해 최루가스와 고무 총탄이 날아다녔다. 사실 이스라엘이
가자지구를 공습할 때마다 이런 시위가 발생했다. 현지인 말에
의하면 "다음 날에는 사람들이 던진 돌이 도로에 수북이 쌓여
차가 다닐 수가 없었다". 사실 내가 있는 동안에도 살벌한

일들은 끊이지 않고 이어졌다. 팔레스타인 언론사 마안^{Ma'an} 뉴스
홈페이지는 이스라엘 군의 기습으로 구금된 팔레스타인인,
유대인 정착민과 팔레스타인인의 충돌로 도배가 되곤 했다.
지금도 상황은 별로 다르지 않다. 한국에서 이들 뉴스를 보면
공식적인 전쟁을 치르고 있는가 할지도 모른다. 2013년 11월에
헤브론에서 3명의 팔레스타인 사람들이 살해된 다음 날에는,
베들레헴 대학교의 수업도 모두 취소되었다. 학교 측에서는 정상
수업을 하려고 했지만 학생들이 원치 않았다고.

장벽과 아이들

'참 엽기적이다!' 처음 분리장벽에 갔을 때 머릿속에 떠오른
생각이었다. 현지인들이 던진 물감과 페인트가 벽 위에 요란하게
번져 있었고, 시커멓게 그을린 자국은 물론 철근이 보일 때까지
벽을 파낸 골에는 분노가 고여 있었다. 낙서에는 팔레스타인
국기와 'Free Palestine'이라는 글귀가 여기저기 새겨져 있었고,
세계 각국의 언어도 휘갈겨져 있었다.
처음 장벽을 본 날 충격을 받았다. '거대한 감옥'이라는 단어가
머릿속을 맴돌았다. 베들레헴 사람들, 더 나아가 팔레스타인
사람들은 이 벽을 마음대로 넘어갈 수가 없다! 하지만 나를
데려다 준 현지인 친구 데이지는 별로 서러워하지 않는 것
같았다. 그녀는 아무렇지도 않게 장벽을 보여 주겠다며 나를 이
앞에 데려왔고, 자신은 이스라엘로 넘어가는 허가증이 만료되어

견고한 장벽 사이사이에 이렇게 생긴 감시탑이 서 있다. 꼭대기에 있는 불투명한 유리 안을 들여다보려고 까치발을 했지만 아무것도 보이지 않았다. 순간 안쪽에서 군인들이 나를 내려다보고 있을지 모른다는 생각에 멈칫했다. 2014년 교황이 베들레헴을 방문할 때 회색 페인트로 낙서를 지웠지만, 몇 주 만에 다시 사진 속 상태로 되돌아갔다.

더 이상 이 장벽을 건널 수 없다며 담담하게 어깨를 으쓱했다.
나는 그렇게 분리장벽을 처음 마주했다. 건너편이 전혀 보이지
않았고, 8미터라는 높이는 그저 아득했다. 민간인 공격을 막기
위해 이렇게까지 해야 했을까?

분리장벽은 이스라엘이 2002년부터 쌓아 온 장벽이다. 총 길이
708킬로미터로 예상되는 이 거대한 프로젝트는 당시 급증하던
민간인 공격을 막기 위해 이스라엘 측에서 진행했다. 2000년에
시작된 2차 인티파다로 팔레스타인 사람들의 자살폭탄 공격이
급증했기 때문이다. 2차 인티파다가 발생한 후 5년 4개월 동안
992명의 이스라엘 사람들이 테러로 사망했고[3], 가장 격렬했던
2002년 3, 4월 두 달 동안에만 100명의 이스라엘 시민과 66명의
군인이 살해되었다.[4] 이스라엘 국방부 사령관이 제시한 통계에
따르면 2000년 9월부터 23개월 동안 약 1만 4천 건의 재산
파손과 민간인 공격이 발생했다.[5] 하루 평균 20건에 달하는,
상상할 수 없는 숫자이다. 불안감은 이스라엘을 강타했고,
장벽이 이스라엘의 국경을 정해 버리는 꼴이라는, 정착촌의
유대인을 고립시킬 우려가 있다는 반대 목소리도 이때는 힘을
내지 못했다. 그렇게 2002년에 시작된 건설은 지금도 계속되고
있다. 이스라엘은 이 장벽이 세워진 후 유대인을 겨냥한 테러가
현저히 줄어들었고, 이를 들어 소중한 생명을 보호했다며 이를
안보장벽 Security Fence이라고 부른다.
하지만 인권 문제에 관한 국제사회의 비난이 쏟아졌다. 유엔
국제사법재판소는 2004년에 14대 1로 서안지구에 지어진 이

장벽이 국제법상 불법이라고 판결, 건설을 중단하고 피해자에게
보상하라고 촉구했다.[6] 이스라엘은 이 판결에 "불공평하며,
이스라엘의 안보를 고려하지 않았다"라고 대응했다.[7] 이후
일부 경로가 수정되기는 했지만 장벽 건설은 계속되었다. 이
벽이 생긴 후 팔레스타인 사람들의 생활 수준은 곤두박질쳤고
통행의 자유는 박탈되었다. 장벽은 팔레스타인 마을을
토막내기도 했고, 계획된 경로에 있는 팔레스타인 주택은
철거되었다. 장벽 건설 과정에서, 2000년부터 2005년까지만
47만 그루의 팔레스타인 소유 올리브 나무가 뽑히거나 불에
탔다.[8]

장벽 건설이 시작된 2002년 이후 15개월 동안 제닌, 툴카렘,
칼킬리야의 팔레스타인 주택 300여 채는 '무허가 주택'이라는
이유로 철거되었다.[9] 무허가 주택의 기준은 이스라엘이
건국되기 전 영국령하의 토지 관리법이다. 즉 당시 이들의 땅은
경작지였기 때문에 건물을 지어서는 안 된다는 논리였다. 60년
전 영국령하의 토지 계획을 들고나오는 건 장벽을 위한 길을
내기 위한 구실로밖에 보이지 않는 대목이다.

장벽 건설로 인해 물리적인 테러는 현저히 줄었지만, 베들레헴/
팔레스타인 사람들의 분노와 절망감은 불에 휘발유를 뿌린
꼴이 되었다. 이 벽이 생기기 전만 해도 경계를 넘어 다른
이스라엘 도시로 가곤 했지만, 지금은 완전히 차단되었다.
장벽으로 인해 집에서 농작지로 가는 길도 막힌 사람들은

이스라엘 당국에서 허가를 받아야 일을 할 수 있고, 팔레스타인 사람에게 열린 검문소까지 빙 돌아가야 한다. 별도의 문서 없이 대대로 경작해 온 이 사람들에게는 땅의 소유권을 증명하는 것부터 고역이다. 작은 마을에 사는 사람들에게는 병원이나 학교를 가는 일도 검문소를 지나야 하는 모험이 되었다. 이 장벽으로 인해 25만, 즉 서안지구의 11%에 달하는 팔레스타인 사람들이 자신의 땅에 마음대로 접근할 수 없게 되었다.[10] 곳곳에 설치된 감시탑의 불투명 유리를 통해 이스라엘 군인이 사람들을 내려다보고 있고, 벽을 타고 넘으려다가 적발되면 그 자리에서 사살하기도 한다. 그래서인지 팔레스타인 사람들은 이 벽을 고립장벽^{Apartheid Wall}이라고 부른다.

믿기 힘들지만, 베들레헴 쪽 벽은 이스라엘 군인이 아닌 팔레스타인 경찰이 지키고 있었다. 군복처럼 보이는 옷을 입고 총을 메고 있지만 이 사람들은 사실 경찰이다(팔레스타인은 군대를 보유할 수 없다). 사정인즉 치안을 위해, 그리고 이스라엘 병사를 자극하는 아이들을 막기 위해서라고. 팔레스타인에 고용된 경찰이, 이스라엘 군인에게 돌을 던지다가 부상당하는 아이들을 막는 셈이다.

하지만 경찰들이 없는 벽에서는 여전히 아이들이 장벽 건너편으로 돌을 던지고 있었다. 저 아이들은 무슨 생각을 하고 있을까? 저 건너편에서 이스라엘 사람이 지나가다 맞기를 바라는 걸까? 한 명은 나를 부르더니 보란 듯이 내 앞에서 시범을 보여 주었다. 다윗이 썼을 법한 물맷돌을 몇 번 돌리더니 돌을 공중에 날렸다. 돌은 제법 능숙하게 8미터 높이의 장벽을 넘어갔다. 다윗이 골리앗을 향해 돌을 던졌을 때도 저런 풍경이 연출되었을까?

장벽을 두 번째 찾았을 때는 베들레헴 아이들이 베들레헴 안으로 들어온 이스라엘 군인을 자극하고 있었다. 얼굴에 두건을 두른 소년들이 저 멀리 이스라엘 병사들을 향해 돌을 던지고 약을 올리고 있었다. Y자 모양의 새총과 물맷돌이 동원되었다. 다른 아이들은 옆에서 손을 흔들며 아랍어로

아이들과 군인들은 수십 미터 떨어져 있었다. 아이들이 던지는 돌도 멀리 가지 못했다. 하지만 분위기는 점점 격해져 갔고, 저러다가 정말 부상당하는 게 아닌가 하는 걱정이 조금씩 올라왔다. 장벽 주변에 사는 베들레헴 아이들에게 이 행동은 자연스러운 놀이가 된 것 같았다.

소리를 질렀다. 순간 이스라엘 병사가 우리에게 총을 겨눴다.
나는 움찔했고, 아이들은 소리를 지르며 담장 뒤로 숨었다.
그러다가 다시 나와서 팔을 흔들며 병사들을 자극하고
돌을 던졌다. 저 멀리 우리를 지켜보는 이스라엘 병사들은
못마땅하게 우리를 쳐다보았다. 이 아이들에게는 이런 일이
하나의 놀이이자 일상이 된 것만 같았다.

저 장벽 너머엔 뭐가 있을까? 중간중간에 우뚝 선 저 감시탑의
불투명 유리 너머로 이스라엘 군인이 우릴 내려다보고
있을까? 그럼 무슨 생각을 하고 있을까? 매일 보는 광경이라서
아무렇지도 않을까? 감시탑 중 하나는 불에 타 시커멓게 그을려
있었다. 그 밑의 벽에는 큰 틈까지 나 있었다. 나에게는 이 모든
게 현지인의 분노로 보였다. 이런 벽을 매일 보면서 자라는
아이들의 정신은 얼마나 황폐할까? 이스라엘에 대한 증오의
메시지가 담긴 벽의 낙서들도 아이들의 머릿속에 각인될 거라는
생각에 입에서 쓴맛이 돌았다.

사실 안보라는 카드 뒤에는 땅을 차지하기 위한 이스라엘의
정치적인 계산도 분명히 있었다. 분리장벽이 서안지구를
파고들어 그린라인(1949년 전쟁 직후의 경계선)보다 많은 땅을
차지했기 때문이다. 실제로 이 벽의 80%는 그린라인을
벗어났다.[11] 그 결과 서안지구 영토의 12.8%를 파고들었고,
주요 수자원도 이스라엘의 손에 넘어갔다.[12] 물론 서안지구 안에
자리잡은 주요 유대인 정착촌과 경작지도 이스라엘이 감싸

안았다. 안보라는 명목 뒤에 정치적인 전략이 개입되었다고
보아야 하는 이유이다.

무엇보다도 이 장벽은 상품의 왕래를 통제해 팔레스타인의
경제를 통제하는 수단이다. 장벽이 건설되면서 수출을 하고
싶어도 자유롭게 할 수가 없고, 수출을 위해 허가를 받는
과정에서 상품이 죄다 상해 버려 수출을 생각할 수도 없다.
물론 허가를 받는 것도 보통 어려운 일이 아니다. 2010년
팔레스타인의 수출이 4억 달러에 그친 데도 이 벽이 한몫을
했다.[13]

거대한 분리장벽과 아이들. 장벽 너머로 던질 돌을
질렀다. 장벽을 넘어 날아가는 돌이 정말 이스라엘 시
편은 넓은 올리브 밭이었다. 벽 건너편으로 돌 던지는
싶었다.

2005년까지만 해도 이스라엘 고등 법원이 장벽의 경로를 바꾸라고 지시한 주요 사례가 12번에 이른다. 이스라엘 대법원도 2004년에 팔레스타인 사람들의 청원을 수용해 29킬로미터에 달하는 장벽의 일부를 다시 세우라고 판결했다.[14] 2007년에는 지나치게 많은 땅이 몰수되었다며, 이미 세워진 1.7킬로미터의 장벽을 다른 경로로 다시 세우라는 판결도 내려졌다.[15] 이스라엘은 이 사례에 초점을 맞추면서 "그렇게 나쁘진 않잖아요?"라고 말하지만 큰 그림은 여전히 흉하다.

부끄럽지만 분리장벽을 여러 번 지나다니면서 나는 이 광경에

내가 카메라를 들이대자 "No!"라며 나에게 소리를
을 맞추는 건 아닌가 싶었지만, 나중에 알고 보니 건너
이 장벽에 기죽지 않기 위한 아이들의 투쟁은 아닐까

익숙해지고 말았다. 첫날 느꼈던 안타까움과 괴로움은 점점
사그라들었고, 어느새 이 거대한 회색 담장에 별 감정을
느끼지도 못했다. 베들레헴 사람들에게는 미안하지만, 나는
이스라엘 입장에서 보면 이 장벽을 건설하는 게 논리적이고
안전한 선택이었을 거라는 생각까지 했었다. 장벽 건너편이
도저히 보이지 않아 공격에 대한 욕구를 꺾어 버릴 뿐만 아니라,
실제로도 자살폭탄 테러로 인한 인명피해가 확실히 줄었기
때문이다. 게다가 9/11 사건 이후, 이스라엘 내부에서 자행된
자살폭탄 사건을 보며 초조한 안색으로 장벽을 논의했을
사람들을 생각하니 이스라엘이 측은할 때도 있었다. 이스라엘의
입장은 이 장벽이 테러를 방지하기 위한 임시적인 방책일
뿐이며, 이스라엘의 국경을 정하는 게 아니라는 것이다.[16]
하지만 장벽을 뒤덮은 과격한 메시지와 그림 그리고 주변에서
돌을 던지고 노는 아이들을 볼 때마다 나는 다시 심난해지곤
했다. 특히 장벽으로 인해서 반토막 난 마을을 지날 때는 숨이
막힐 것 같았다. 이곳의 집들은 그림자를 길게 드리운 장벽을
5미터 간격으로 마주하고 있었다. 장벽이 생기기 전까지만 해도
올리브 밭을 마주하며 햇살을 받던 집들이었다. 어느 날 나는
착잡한 마음에 이스라엘 키부츠에 사는 지니 브로[Jeanie Brough]에게
장벽 사진을 보여주었다. 그러자 "아, 이게 그 벽이구나. 이것
때문에 정말 말이 많았지……"라는 측은한 대답이 돌아왔다.
곧이어 지니는 "그래도 (이후로) 폭탄테러가 멈췄는걸"이라고
똑 잘라 말했다. 안타깝지만 그렇게 우리의 대화는 일상적인
주제로 옮겨 가고 말았다. 베들레헴에 직접 와 장벽을 보면

그렇게 단순한 일은 아니라는 걸 알 텐데 싶어 섭섭했지만
이스라엘 사람들에게는 맘 놓고 시내로 다시 나갈 수 있게
해준 이 장벽이 그저 고마운 존재라는 반증일 것이다. 사실
이스라엘에 사는 사람들은 장벽을 직접 볼 기회 없이 일상을
살아간다.

지금도 이 장벽을 생각하면 마음이 복잡해진다. 민간인
공격이라는 악이 장벽이라는 악을 낳았다. 분명 이 장벽은
팔레스타인의 학살 그리고 이스라엘의 정치적 야망이 빚어낸
합작품이다. 민간인 공격도 끔찍한 인권 유린이지만, 당시
팔레스타인 사람들로 하여금 폭탄을 두르게 한 점령하의
극한의 절망감을 생각하면 다시 숙연해지곤 한다. 팔레스타인
자살폭탄 테러가 처음 일어난 것도 1차 인티파다 당시 이스라엘
군에게 진압되면서 상상할 수 없는 힘의 불균형을 확인한
이후부터였다. 엄청난 힘으로 자행되는 국가 단위의 테러와
궁지에 몰린 약자가 최후의 수단으로 사용하는 폭력은 다르지
않은가.

검 문 소   4 0 0 곳

장벽을 넘어 이스라엘의 도시로 넘어가는 유일하게 '합법적인'
방법은 검문소를 지나는 것이다. 2012년에만 서안지구에 99개의
고정된 검문소, 그리고 평균 310개의 '이동식flying' 검문소가
있었다는 보고가 있다.[17] 남한 면적의 17분의 1에 불과한
서안지구에 이렇게 많은 검문소가 있다는 건 아무리 봐도

외국인의 시선_ 냉방 되는 버스에 앉아 줄 서 있는 현지인들을 내려
다보면 별 생각이 들지 않는다. 베들레헴 대학교에서 보았던 몇
몇 사람들을 보며 '캠퍼스에서 봤던 사람이다!' 하고 중얼거리는
정도이다. 부끄럽지만 내가 외국인이라서 다행이라는 생각도 했
었다.

이상한 일이다. 팔레스타인 사람들을 비롯한 모든 사람들은
이곳에서 허가증을 검사해야 장벽을 넘어 이스라엘로 들어갈
수 있다. 물론 팔레스타인 번호표를 단 차량은 이스라엘 영토로
들어갈 수 없다. 버스를 타고 서안지구에서 이스라엘 영토로
나갈 때도 버스에서 내려 허가증을 보여 주어야 한다.

베들레헴에서 예루살렘으로 나갈 때마다 늘 멈추던 검문소가
있었다. 검문소에 도착한 버스는 속도를 늦추고, 당연하다는
듯이 인도에 개구리 주차를 한 후 문을 연다. 인도의 턱을
오르느라 버스가 덜컹거리면 현지인들은 내릴 때가 되었구나
하며 다들 주섬주섬 짐을 싼다. 단 아랍인들만 내린다. 외국인은
자리에 앉아 있다가 버스에 들어온 군인에게 여권만 보여 주는
게 정상이었다.
총을 멘 이스라엘 군인이 버스에 들어와 여권이나 허가증을
검사한다. 맨 뒷자리까지 들어와 수상한 물건이 있나
검사하는 건 기본, 가끔씩은 버스 트렁크도 열어 본다. 버스
안은 한적하다. 거동이 불편한 일부 아랍인 그리고 외국인이

현지인의 시선_ 따가운 햇살 아래에 줄을 보니 한없이 길게만 느껴
졌다. 줄을 선 채로 재잘거리는 여학생들, 검문소 한쪽에서 서
로 웃고 떠드는 이스라엘 군인들을 보면서 혼란을 느낀 날도 있
었다. 검문을 일상처럼 여기는 이 사람들에게 있어 나는 오지랖
넓은 외국인이 아닐까 하는 회의가 들었다.

전부이기 때문이다. 가끔씩은 아시아인처럼 생긴 내 얼굴을 보고는 내 여권을 확인하지 않고 넘어가는 날도 있었다. 처음에는 총을 든 군인들이 버스에 저벅저벅 올라타는 걸 보고는 겁을 먹기도 했지만, 검문소를 여러 번 지나며 이런 광경에 익숙해져 갔다. 한편 밖에서 줄을 선 '건강한' 아랍인들은 땡볕에서 얼굴을 찌푸리며 자신들의 차례를 기다린다.

버스에서 군인들이 내린 후에야 비로소 바깥에 서 있는 사람들 차례가 돌아온다. 한 명 한 명 꾸역꾸역 허가증을 검사하고 나서야 사람들은 다시 버스에 올라탄다. 사람들은 아무렇지도 않다는 듯이 이 일상을 반복한다.

이 사람들의 심정이 어떨까 해서 나도 검문소에서 여러 번 내려 보았다. 그냥 앉아 있어도 된다는 현지인의 말에 "저도 알아요"라고 담담하게 대답하고 내렸지만 어색함에 휩싸였다. 태양은 그 어느 때보다 뜨거웠다. 내 앞에서 자기 차례를 기다리며 서로 웃고 떠드는 여학생들, 땡볕에 얼굴을 찌푸리고 있는 아저씨들을 보며 나는 '이 사람들이 왜 이러고 있어야 하나?' 하고 질문했다. 단 한 사람의 예외도 허락하면 안 된다는 검문의 원칙이겠지? 이런저런 생각을 하다가 무심코 버스를 올려다 본 나는 버스 안에서 나를 내려다보던 외국인과 눈을 마주쳤다. 순간 나는 창피함을 못 이기고 타이어 쪽으로 시선을 돌리고 말았다.

가끔씩은 이스라엘에서 베들레헴으로 들어가는 버스를 세우고

불심검문을 하기도 한다. 불심검문을 위해 버스가 멈출 때마다
밀려오는 짜증을 억누르기 힘들었다. 그 인력으로 차라리
이스라엘 땅에 들어오는 차량을 검사하는 더 게 합리적이기
때문이다. 나는 버스에 올라탄 이스라엘 군인들을 못마땅한
눈으로 쳐다보며 '대체 무슨 생각으로 저러나? 팔레스타인에
들어가는 버스는 왜? 팔레스타인 땅에서 누가 누굴 죽이든
무슨 상관인데?' 하며 속으로 따졌다. 이스라엘이 팔레스타인
사람들을 괴롭혀서 이 땅을 떠나게 하려고 한다는 현지인의
말이 생각났다. 당시에는 속으로 '에이, 이스라엘도 안보
차원에서 그러는 거겠지' 하곤 했지만, 이런 광경을 볼 때마다 이
사람들이 왜 그런 말을 했는지를 알 것만 같았다.

이스라엘은 팔레스타인 도시 사이사이에도 검문소를 설치해
팔레스타인 안에서의 이동을 통제하기도 한다. 이 때문에 매일
아침 수업 시간에 지각생들이 생기곤 했다. 다른 도시에서
오는 학생들에게는 검문소에서 이스라엘 군인이 언제 도로를
통제할지, 언제까지 안 보내 줄지 알 수 없는 일이다. 그래서인지
교수님도 지각생들을 보고 별 일 아니라는 듯 자연스럽게
수업을 진행하곤 했다. 30분이 지나 들어오는 학생들을
보면서도 들어와 앉으라는 말 한마디만 하고 강의를 계속
진행하곤 했다. 그래서인지 창피해하는 우리나라 지각생과는
달리 이곳 지각생들의 표정에서는 옅은 수줍음만 비쳤다.
검문이 일상이 된 이 사람들의 모습을 재확인하는 것 같아
침울해지는 대목이기도 했다.

새 벽 4 시 , 검 문 소 에 서 는

매일 새벽 3시가 되면 베들레헴에서는 택시들이 정적을 찢으며
달린다. 목적지는 다들 동일하다. 일단 이곳에 도착하면
승객들을 토해내고 바쁘게 다른 승객들을 찾아 떠난다. 새벽
4시가 되면서 이곳에는 사람들이 본격적으로 모여든다.

이곳은 바로 분리장벽을 걸어서 넘어가는 검문소다. 이른 새벽에
모이는 이 사람들은 유대인이 관리하는 곳에서 일하기 위해
장벽을 넘어가려는 팔레스타인 노동자들이다. 장벽 건너편으로
가기 위한 검문소에 다다르기도 전에 분주한 가판대가 시선을
사로잡았다. 빵, 우유, 참치 통조림, 피타 빵 등 간단하게 먹을
수 있는 음식들이 잔뜩 진열되어 있었다. 사람들은 바쁜
걸음으로 줄을 서기 위해 몰려들고 있었고, 택시들은 계속해서

사람들은 많았지만 조용하고 어색했다. 다들 무뚝뚝
한 표정으로 땅이나 허공을 쳐다보았다. 철창 밖을 내
다보며 담배 연기를 뿜는 사람들, 챙겨 온 보따리를
들여다보는 사람들, 눈을 감고 철창에 기대 쉬는 사
람들로 분위기는 계속 무거웠다. 줄이 짧아질 때마다
사람들은 말없이, 서둘러 발걸음을 옮기기만 했다.

현지인들을 검문소 앞에 내려놓고 있었다. 사람들의 표정은
담담했다. 아니, 다들 아무 표정이 없었다.

음식이 진열된 가판대를 지나 철창이 쳐진 기나긴 줄을 보자
"헉" 소리가 나왔다. 100미터는 족히 될 만한 철창이 검문소
입구까지 쭉 이어져 있었고, 그 안은 사람들로 꽉 차 시커멓게
보였다. 솔직히 말해서 도살장으로 가는 소가 지나가는 통로를
연상시켰다. 사람들은 무표정으로 담배를 피우거나 옆 사람과

이야기를 나누었다. 줄은 한 걸음씩, 한 걸음씩 줄어들기
시작했다. 사람들은 이방인인 나를 힐끔 쳐다보았다. 이 이른
시간에 관광객으로 보이는 사람이 손에 카메라를 들고 무거운
표정으로 인파를 쳐다보는 광경이 신기해 보였을지도 모르겠다.
그러는 사이에 드디어 검문소 건물로 들어갔다.
회전문을 지나고 줄을 서고, 다시 회전문을 지나자 공항에나
있을 법한 검색대가 나왔다. 한쪽에서는 이스라엘 군인들이

닫혀 있는 검문소 줄 하나가 추가로 열리자 사람들이
재빠르게 줄을 섰다. 여기저기에서 끼어드는 사람들
탓에 몇 사람이 아랍어로 고래고래 소리를 질렀다.
순식간에 분위기가 어수선해졌다.

팔레스타인 사람들만큼이나 무뚝뚝한 표정으로 모니터 화면을
검사하고 있고, 팔레스타인 사람들은 벨트를 포함한 모든
짐들을 기계에 놓고 금속탐지기를 통과했다. 짐 검사를 하고
신분증 검사를 하는 동안 밖에서는 무슬림의 기도 시간을
알리는 아잔 소리가 검문소를 파고 들어왔다. 사람들은 검문소
한 구석에 모여 무슬림 기도를 올렸다. 한쪽에서는 줄을 서 있는
사람들이 기도를 올리는 사람들을 무뚝뚝하게 쳐다보았다.
별안간 새로 열린 줄을 발견한 사람들이 잽싸게 모여들었다.
몇몇 사람이 새치기를 하자 아저씨들이 고래고래 소리를 지르기
시작했다.

갑자기 왁자지껄해지는 검문소 분위기에 나는 참담해졌다.
'테러를 막기 위해 이렇게까지 해야 했나? 테러라는 악이
검문소라는 또 다른 악을 낳았구나…… 하지만 테러는 이
사람들의 무력감에서 나온 절망의 발현이 아닌가? 그러면
팔레스타인 사람들을 절망하게 한 이스라엘의 점령이 문제이지
않은가? 이스라엘은 안보를 위해 이 땅을 점령해야만 했을까?
아니, 애초부터 반유대주의가 전 세계를 휩쓸지 않았더라면
이스라엘은 과연 건국되었을까? 그럼 전 세계가 다같이 잘못한
건가?' 갑자기 머리가 지끈거리기 시작했다. 고개를 들자
아저씨들과 눈을 마주쳤다. 현지인들은 아까와 똑같은 표정으로
나를 쳐다보고 있었다.

마지막 관문인 신분증 검사를 위해 검문소의 이스라엘
군인들을 대면했다. 검색에 검색을 거치며 지쳐 있었던 나는
이스라엘 군인들에 대한 야릇한 원망감이 스멀스멀 올라오는 걸

느꼈다. 하지만 이상하게도 '이 단계만 통과하면 무사히 장벽을 넘을 수 있어' 하는 일종의 '희망'에 휩싸이는 것 또한 느꼈다. 부스 안의 군인에게 여권을 건네며 나도 모르게 미소 짓던 나는 내 얼굴과 여권 사진을 대조하려고 무뚝뚝한 표정으로 쏘아보는 군인을 보자 아차 싶었다. 그 짧은 순간 동안 내가 비굴해진 게 아닌가 싶어서였다.

정확히 50분 만에 기나긴 줄을 넘어 이스라엘 땅으로 넘어왔다. 운이 좋은 날이었다. 가끔 3시간까지 기다린다는 현지인의 말을 떠올리며 안도의 숨을 내쉬었지만 곧 인도를 가득 메운 인파에 멈칫했다. 버스나 벤을 타고 인력시장이나 일터로 가기 위해 모인 사람들이었다. 길거리에 드러누워 담요를 뒤집어쓰고 쪽잠을 청하는 사람들, 삼삼오오 모여 담배를 피우며 대화하는 사람들, 길 한쪽에서는 커다란 도넛 같은 베가레와 피타 빵을 파는 사람들, 분주하게 움직이는 자동차로 거리는 시끌벅적했다. 이스라엘 버스와 히브리어가 쓰여진 벤들은 사람들을 실어 나르느라 바빴다. 담배를 뻑뻑 피우던 현지인들은 벤을 보기가 무섭게 자리를 털고 일어나 자동차 안으로 들어갔다. 옷차림은 모두 남루했고, 여자는 한 명도 찾아볼 수 없었다. 먹고사는 게 참 힘들구나 싶었다. 이렇게 이른 아침에 사람들로 꽉 찬 도로를 보자 기분이 이상해졌다. 신경질적인 경적 소리와, 담배 연기에 약간의 어지러움까지 느꼈다. 새벽 3시에 일어난 탓인지 피로가 몰려왔고, 나는 잠시 앉을 곳을 찾아야 했다.

이 사람들에게 카메라를 들이대기가 참 미안했던 나는

멀찌감치 떨어져 사진을 찍었다. 하지만 내 카메라를 본 사람들의 호기심이 발동했는지 사진을 찍어 달라며 나에게 "픽쳐, 픽쳐"를 연발했다. 나는 얼떨떨한 기분으로 그렇게 사람들을 찍어 주었고, 사진을 보여 주자 다들 "굿"이라며 엄지를 치켜들고 활짝 웃었다. 자신의 모습을 창피해할 줄 알고 긴장했던 나는 비로소 마음을 놓았다. 나는 우연한 기회에 영어를 할 줄 아는 현지인을 만났고, 이 사람이 일하는 공사장까지 같이 갈 수 있었다.

그의 이름은 즈밀 스야라Jmeel Syara. 매일 새벽 2시에 일어나 예루살렘의 건설 현장으로 향하는 즈밀 씨는 유대인 아래에서 일하는 팔레스타인인 중 한 명이다. 매일 아침 검문소에서 최대 3시간까지 기다려야 하는 일상을 털어놓으며 즈밀 씨는 분리장벽 때문에 팔레스타인 삶이 고달파졌다며 담배 연기를 뿜었다.

즈밀 씨의 일터는 예루살렘의 하달 몰Hadar Mall이었다. 주차장에서 마무리 작업을 하고 있다는 그는 자신이 하는 모든 일들이 아주, 아주 힘들다며 담배 한 개비를 더 꺼내 물었다. 새벽 5시경에 일터에 도착한 후 일이 시작되는 7시까지 친구들과 담배를 피우며 아랍어로 이야기하는 즈밀 씨를 보며 기분이 착잡해졌다. 그에게는 이 시간이 유일하게 사람들과 교제하고 자신의 삶을 나누는 시간이었기 때문이다. 오후 4~6시 사이에 일이 끝나 집에 돌아오면 자유 시간은 사실상 없다고. 다음

검문소를 빠져나오자 사람들이 비로소 활기를 띠기
시작했다. 같이 일하는 동료를 만나서일까, 거리는 왁
자지껄 이야기하는 사람들로 가득 차 있었다. 히브리
어가 쓰인 벤들이 도로를 다니며 경적을 울려 댔다.
사람들의 표정은 완전히 뒤바뀌어 있었다.

날 새벽 2시에 일어나기 위해 오후 7시에는 잠들어야 하기
때문이다.

사실 나를 더 우울하게 한 건 즈밀 씨의 부탁이었다. 유대인
관리자가 오면 자기와 함께 왔다고 말하지 말고, 혼자 왔다고
말해 달라는 부탁이었다. 전공을 물어보길래 건축 전공자라고
하니 그러면 혼자 건설 현장을 공부하러 왔다고 말해 달라고
덧붙였다.

하지만 유대인에 대한 즈밀 씨의 시각은 뜻밖이었다. 유대인들이
어떤 사람이냐는 질문에 그는 망설임 없이 유대인들이 좋은
사람들(good people) 이라고 말했기 때문이다. 함께 일하는
데 아무 문제가 없다고. 게다가 유대인 총책임자는 이따금씩
현장을 방문해 노동자들과 일일이 악수를 하며 안부를
물어보기도 한다고 말해 주었다. 예상치 못한 반응이었다. 방금
전까지만 해도 장벽 때문에 삶이 고달파졌다고 털어놓았기

때문이다. 그래서 '유대인'이라는 단어에 예민하게 반응하지는
않을까 하고 조심스럽게 물어본 질문이었다. 베들레헴에서
일하는 것보다 더 큰 수익을 보장하기 때문일까? 아니면
유대인을 헐뜯었다가 불이익이 돌아오는 것을 의식했을까? 둘
다 있겠지만 아무래도 전자 쪽에 더 해당되지 않았나 싶다.

매일 새벽 이스라엘로 넘어가 일하는 이 사람들에게는
유대인들이 고마운 존재일지도 모른다. 비록 8미터의 장벽을
쌓아 올려 삶을 고달프게 했지만 팔레스타인 땅에서 얻는
수익보다 훨씬 높은 수익을 제공하기 때문이다. 유대인의
입장에서는 저임금이지만 팔레스타인 사람들에게는 이 임금도
큰 돈이다.

높은 실업률도 이들을 매일 새벽 장벽 밖으로 밀어내는
요인이다. 2012년 서안지구 전체의 실업률은 20.1%에 달했다.
베들레헴의 수치는 무려 22.5%였다.[18] 2013년 3월의 통계에
의하면 팔레스타인 전체에서 20세에서 24세 사이의 실업률은
41%에 이르렀다.[19] 우리나라와 달리 20대 초반에 일을 시작하는
베들레헴/팔레스타인 사람들의 상황을 고려하면 이는 심각한
수치다. 직접 보지는 못했지만 분리장벽을 건설하는 현장에서
일하는 팔레스타인 사람들도 있다는 소문이 들린다. 이런
맥락에서 생각해 보면 이해할 만도 하다. '어차피 세워질 거,
우리가 맡아서 돈이라도 받지' 하는 심정으로 분리장벽 건설
현장으로 발걸음을 옮기는 건 아닐까?

무사히 일터에 도착한 즈밀 씨가 지갑에서 허가증을
꺼내 보여 주었다. 사진을 찍어도 괜찮냐는 질문에 그
는 망설임 없이 '그럼!'이라고 대답해 주었다.

검문소를 재방문했을 때는 현장을 지켜보기만 했다. 사람들은 끊임없이 검문소를 지나 이스라엘로 꾸역꾸역 나왔고, 날이 환히 밝아 온 아침 7시가 지나서야 북적거리던 검문소 주변은 차분해지기 시작했다. 그리고 이때부터 베일을 쓴 여인들도 하나둘씩 보이기 시작했다. 다들 새벽 4시에 보았던 것과 똑같은 표정을 하고 있었다. 무표정이었다. 다시 보니 이런 일상에 이미 익숙하다는 표정 같기도 했다.

7시가 넘자 관광객을 꽉꽉 채운 대형 버스들이 거리를 지나기 시작했다. 높은 버스 안에서 나를 내려다보는 외국인들을 쳐다보며 생각했다. '저 사람들은 새벽 4시부터 여기서 무슨 일이 있었는지 알기나 할까?' 나는 왠지 모를 얄미움을 느끼며 현지인들처럼 후드 티 모자를 눌러썼다.

한때 1970년과 1993년 사이에만 해도 고용된 노동력 중 25%에서 40%가 이스라엘 영토에서 일했다는 기록이 있다. 당시만 해도 서안지구, 가자지구의 국내 총생산의 25%를 담당하던 사람들이 바로 이 사람들이었다.[20] 이스라엘은 이 노동자들 덕분에 팔레스타인의 국민 소득이 증가했다며 자랑스럽게 말하곤 하지만, 이는 철저히 이스라엘에 종속된 팔레스타인 경제 상황에 대한 반증이라고 보는 게 더 자연스러워 보인다.

오슬로 협정과 인티파다를 거치면서 이스라엘의 개입이 심화되고, 일용직 노동자에 대한 수요 또한 줄어들면서 오늘날 유대인들에게 고용되는 팔레스타인 노동력은 전체의 10%로

크게 줄었다.[21] 그래도 이 사람들은 그나마 1차 관문을 통과한 사람들이다. 분리장벽을 넘어 이스라엘로 가는 허가증이 있기 때문이다.

이스라엘로 인해 마음대로 도시를 나갈 수 없는 이 사람들은 이 현실에 분노를 느끼기보다는 오히려 익숙해진 듯했다. 사람들의 표정은 지극히 담담했고, 허가증을 아무렇지도 않게 나에게 보여 주는 사람들은 허가증이 있다는 사실에 그저 감사해하는 분위기였다. 검문소에서 신분증을 검사하면서 '이곳만 통과하면 장벽을 무사히 넘을 수 있어'라는 '희망'을 느꼈던 나와 비슷한 심정이 아니었을까? 분명 무언가 잘못되었지만 이를 바꾸기에는 너무나 나약한 팔레스타인 사람들, 그리고 이 상황에 안주하면서,느끼는 일종의 평안함을 나는 조금 엿보았다.

장벽 풍경

전 세계에서 사람들이 장벽에 그림을 남기고 간다.
어떤 그림은 예술적이다.
어떤 그림은 살벌하고, 어떤 그림은 훈훈하다.

정 착 촌 ,   땅   따 먹 기   전 략 ?

이곳 사람들에게 자행되는 가장 무서운 폭력은 군사 작전도,
분리장벽도 아니었다. 서안지구에 들어찬 불법 유대인 정착촌이
가장 무서운 폭력이었다. 1967년 군사점령 이후 2012년 말까지
125개의 유대인 정착촌이 서안지구를 파고들고 건설되었다.[22]
이스라엘의 인권 운동 단체 베첼렘[B'Tselem]은 서안지구와
동예루살렘에 살고 있는 유대인 정착민 수가 51만 5천 명에
달한다고 집계했다. 현지인들은 이들 정착촌을 "똑같이 생긴
집들(houses that look the same)"이라고 불렀다. 비슷한 주택들이
빼곡히 들어차 요새를 이루고 있어서다. 베들레헴의 집들도
다들 비슷하게 생겼지만 사람들은 유독 정착촌을 가리키며 이
표현을 썼다.

베들레헴 대학교 캠퍼스에서 가장 잘 보이는 정착촌
하 호마. 왼쪽에 보이는 언덕을 뒤덮고 있다. 처음에
는 '깔끔한 주택단지네' 하고 지나쳤다가 며칠 후에야
이것이 팔레스타인 사람들에게 가해지는 폭력이라
는 것을 알았다.

베들레헴은 9개의 정착촌에 둘러싸여 있고, 이들 정착촌은
나날이 커지고 있다. 정착촌들은 다들 높은 산등성이에
위치해 서안지구를 내려다볼 수 있도록 디자인되어 있다.
베들레헴에서 가장 선명하게 보이는 곳은 하 호마[Har Homa]이다.
산등성이에 옹기종기 모여 있는 현대식 주택단지인데, 높은
곳에 있어서 베들레헴 대학교 캠퍼스에서도, 시내에서도 보인다.
질서정연하고 깔끔한 주택단지이지만 현지인들에게는 숨통을
조여 오는 악몽이다. 실제로 하 호마가 생기면서 동예루살렘의
아랍 지역과 서안지구는 끊어지고 말았다.[23] 하 호마가 앉아
있는 언덕도 베들레헴 땅이었지만 1967년 이후 동예루살렘에
병합되며 이스라엘 땅이 되었다. 이 언덕은 1943년, 이스라엘이
건국되기도 전의 영국령 토지법을 근거로 몰수되었다.[24]
물론 정착촌 건설로 자신의 땅이 몰수되는 걸 우려한
팔레스타인 사람들의 청원이 빗발쳤다. 이에 대한 반응으로
이스라엘 정부는 1858년 오토만 제국 당시의 토지법을 근거로
서안지구의 약 40%에 달하는 땅을 국가 소유로 규정했다.[25]

오토만 제국의 토지법 또한 이스라엘 건국 전의 법령이었다. 이스라엘의 이 논리는 이해하기 힘들다.

사실 정착촌이 무서운 이유는 따로 있다. 이를 잇는 도로, 인프라를 구축하기 위해 더 많은 것들이 희생되기 때문이다. 현지인들의 올리브 밭이 몰수되는 건 기본, 유대인과 현지인의 충돌을 피하기 위해 팔레스타인 마을을 비껴가는 1,600킬로미터 길이의 유대인 전용 도로가 건설되어 팔레스타인 사람들의 통행도 교란되었다. 도로 양쪽으로 75미터의 영토까지 몰수되며 팔레스타인 영토는 더욱 더 쪼개졌다.[26] 정착촌이 차지하는 절대 면적은 미미하지만, 그 영향력은 엄청나다.

유엔 인도주의업무 조정국UNOCHA은 2007년에 이스라엘 인프라(정착촌, 도로, 군사기지)가 팔레스타인 서안지구 영토의 약 40%를 차지했다고 보고했다.[27] 팔레스타인 사람들이 많이 사는 땅을 도로와 정착촌으로 쪼갬으로써, 이스라엘 군으로 하여금 이 땅을 '외부에서' 쉽게 통제할 수 있도록 한다는 해석이 전혀 이상하지 않은 이유다. 이미 땅이 너무 쪼개져 팔레스타인 독립 국가가 생긴다고 해도 국가가 제대로 운영될 리가 만무해 보인다.

한편 베들레헴을 비롯한 팔레스타인 사람들은 불량한 도로를 이용해야 한다.[28] 베들레헴에서 나와 서안지구의 다른 도시로 가는 도로는 살벌하다. 무엇보다도 산맥을 꼬불꼬불하게 내려가는 구간들은 손에 땀을 쥐게 했다. 친구들은 베들레헴을

베들레헴에서 내려가는 불의 계곡. 중앙선도 없는 이 위험한 구간을 한 손에 담배를 들고 운전하는 아저씨가 걱정스러웠다. 조심하라는 이야기를 하고 싶었지만, 본인은 별일 아니라는 듯 능숙하게 꼬불꼬불한 도로를 타고 내려갔다.

빠져 나와 언덕을 타고 내려가는 구간을 불의 계곡 Valley of Fire이라고
불렀다. 보는 사람이 아찔할 정도로 가파르고 꼬불꼬불한
도로였다. 높은 사고율은 기본이고, 비가 오면 차량들이
올라가지 못해 교통이 마비되기도 한다. 그에 비해 유대인
정착촌으로 이어지는 도로는 깔끔했다. 이들 도로는 서안지구를
파고든 정착촌으로 둘러싸여 있었고, 정착민들이 이용하는
이스라엘 버스까지 쌩쌩 달리고 있었다. 나는 내가 이스라엘에
있나 하고 내 옆을 지나가는 초록 버스를 멍하게 쳐다본 적이
있었다. 그러다가도 팔레스타인 도로로 갈라져 나오면 갑자기
비포장 도로가 시작되면서 꼬불꼬불한 시골길이 펼쳐지곤
했다. 이 변화무쌍한 도로를 카메라로 찍어 대는 동안 운전기사
아저씨가 나를 힐끔 쳐다보았다. 심난한 표정으로 창밖을 찍는
나를 이해할 수 없다는 얼굴이었다.
정착촌이 서안지구를 파고들다 보니 유대인 정착민과 현지인
사이의 충돌은 자연스러운 일이다. 서안지구 안에 들어와 사는
정착민 중에는 고대 이스라엘 왕국의 '유대-사마리아(오늘날

서안지구)' 땅에 살겠다는 종교적 일념으로 정착하는 경우가
유독 많다. 특히 1974년에 종교적인 유대인이 조직한 구쉬
에무님 ^{Gush Emunim} 운동은 고대 이스라엘의 어느 곳에나 유대인이
거주할 권리가 있으며 이 운동을 통해 메시아의 초림을
앞당긴다는 신념으로 인구 밀도가 높은 팔레스타인 마을
주변에도 정착촌 건설을 추진했다. 이 사람들에게 있어서
토착민에 대한 공격은 땅을 정화하는 행위로 정당화되곤
한다.[29] 그래서인지 이 사람들은 이스라엘 영토의 유대인보다
더 공격적이다. 이 정착민들이 인근 팔레스타인 주민의
올리브 나무를 베거나 주민들에게 돌을 던지는 일은 일상이
되었다. 특히 베들레헴 옆 헤브론의 유대인 정착민은 헤브론에
근무하는 이스라엘 군인 사이에서조차 기피 대상으로 꼽히곤
한다. 이 사람들의 공격으로 인해 한때 북적였던 헤브론 올드
시티의 시장은 모두 문을 닫았다.

베들레헴 주에서는 남동쪽에 있는 트코아^{Teko'a} 정착촌이 말도
많고 탈도 많았다. 팔레스타인 차량이 다니는 도로에 돌을
던지거나 올리브 밭에서 일하는 팔레스타인 사람을 공격하는
정착민들과, 정착민에게 돌이나 화염병을 던지는 베들레헴
사람들과의 다툼이 심심찮게 기삿거리가 되곤 했다. 10월에는
수십 명의 정착민들이 이 문제를 놓고 인근 도로에서 시위를
벌였고[30], 같은 달 발생한 충돌 때는 헬기까지 하늘에 떴다.

현지인은 땅을 빼앗긴 억울함에, 정착민들은 새 터전을 지키기

위해 싸운다. 18~60세의 유대인 정착민들은 군사적인 안보 임무^{Guard Service}를 행사하여 팔레스타인 사람들을 체포할 권한을 부여받는다.[31] 물론 정부로부터 무기도 지급받는다. 땅을 빼앗기고 유대인 정착촌의 터전을 내준 현지인으로서도 피눈물 나는 일이고, 재산을 정리하고 정착한 유대인에게도 양보할 수 없는 땅이다. 문제는 너무나 복잡해졌다.

팔레스타인 영토를 파고든 이들 정착촌은 국제법상 불법이다. 점령국이 피점령지 영토에 영구적인 변경을 가할 수 없으며, 점령국이 자국민을 피점령지로 옮기는 것을 금한 4차 제네바협약에 위배되기 때문이다(이스라엘은 서안지구를 점령하고 있다는 표현^{Ocuppy} 자체를 거부해 왔다. 대신 통치^{Administer} 라는 단어를 사용한다). 2000년에도 유엔은 152대 4로 이 정착촌 사업이 불법이라고 판정했다.[32] 미국도 이 사업을 중단하라는 압력을 높여 왔지만 정착촌 사업은 멈추지 않았다. 사실 정착촌 문제는 이-팔 협상에서도, 그리고 국제사회에서 이스라엘에게도 극도로 예민한 사안이다.

하지만 이스라엘과 정착촌 사업은 떼놓을 수가 없다. 아직 국경을 확정하지 않은 이스라엘이 미래에 국경을 최종적으로 확정할 때 조금이라도 더 많은 땅을 차지할 수 있는 유용한 사업이기 때문이다.[33] 말레 아두밈^{Ma'ale Adumim} 정착촌을 계획한 이스라엘 건축가 토마스 레이터스돌프^{Thomas Leitersdorf}의 말은 시사하는 바가 크다.

"이 작전(정착촌 사업)에 깔려 있는 정치적인 아이디어는, 점령지에 더 많은 정착민을 배치할수록 미래에 영구적인 국경을 정할 때 이스라엘이 더 많은 땅을 얻을 거라는 것입니다. 우리가 이미 거기 살고 있었으니까요."[34]

이스라엘은 오슬로 평화협정이 진행되던 1993~2001년 동안 서안지구의 정착촌 유닛을 54% 늘려 국제사회의 비난을 받았다.[35] 국제사회는 2003년에 미국, 유엔, 유럽 연합, 러시아가 구상한 로드맵은 물론, 2007년 미국이 참여한 안나폴리스 회담에서도 이스라엘이 정착촌 확장을 자제할 것을 촉구했지만, 이스라엘은 이 사업을 지금까지 줄기차게 밀어붙여 왔다. 오히려 이스라엘 정부는 2008년에 2,000개의 새로운 유닛을 서안 지구에, 3,600개의 새 유닛을 동예루살렘에 짓겠다는 계획을 발표했다.[36] 2013년 7월부터 9개월 동안 이어진 팔레스타인과의 평화 협상 중에도 이스라엘은 1,400채의 새로운 정착촌 건설 계획을 승인해 협상을 파국으로 이끈 원인을 제공했다고 지적받는다. 오늘날까지 계속되는 사업으로 인해 정착촌 인구는 매년 이스라엘 인구 증가율의 세 배에 달하는 속도로 증가해 왔다.[37]

2005년에는 안보상의 이유로 가자지구의 21개 정착촌과 서안지구의 4개 정착촌을 철수한 사례가 있다. 미국과 이스라엘은 평화를 위한 발걸음이라고 발표했지만, 지금도 줄기차게 확장되고 있는 정착촌을 생각하면 이 철수도 결국

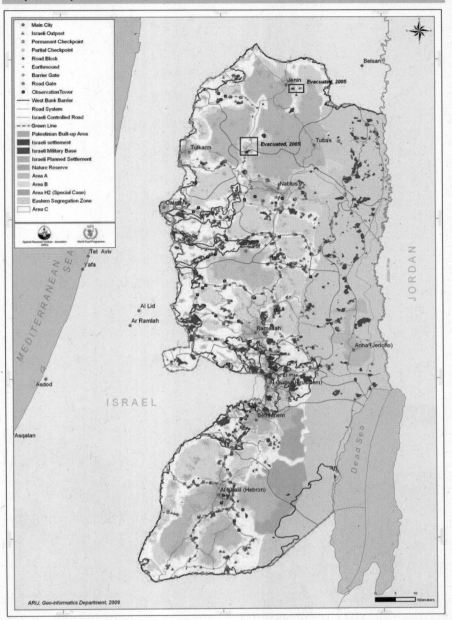

팔레스타인 비정부단체 'ARIJ'에서 작성한 2009 서안지구 지정학 지도. 짙은 파란색 영역이 서안지구를 파고든 유대인 정착촌이다. 서안지구를 깊이 파고든 정착촌이 팔레스타인 도시들을 끊어 놓았다.

사업의 일환이었다는 해석이 더 그럴듯하게 들린다.

정착촌 문제는 이스라엘이 자주 거론하는 '안보'로는 정당화할
수 없는 사업이다. 정착민들이 경찰 역할을 하여 테러리스트의
활동을 비활성화하는 효과를 낸다는 이스라엘 측의 주장도
억지스럽게만 들린다. 이스라엘은 이미 인공위성과 군사기지로
점령지를 철저히 감시하고 있기 때문이다. 아무리 보아도,
정착촌 사업은 사람들이 뿌리박고 살고 있는 땅은 손댈 수
없다는 점을 이용한 전략으로 보인다. 나쁘게 말하면 사람을
이용한 국가 단위의 땅 따먹기 전략이라고 불러야 할지도
모른다. 영국의 통치하에 있던 팔레스타인 땅의 22%에 불과한
서안지구조차 이스라엘의 영토라는 믿음을 공공연하게 보여
주고 있는 셈이다. 나는 이런 이스라엘의 자세에서 일종의
오만함까지 느꼈다.

어느 날 나는 현지인 친구와 함께 언덕을 내다보며 생각에
잠겼다. 종교적인 유대인과 일부 기독교인들의 말대로 이 땅

또한 이스라엘의 영원한 영토이기에 유대인이 계속 들어와야
하는 걸까? 이 사업은 팔레스타인 사람들을 밀어내고 이들의
터전을 파괴하는 범죄행위가 아닌가? 이런 방법으로 옛날
땅에 돌아오는 유대인을 보고 하나님이 기뻐하고 계실까? 내
앞에는 거대한 하 호마 정착촌이 있다. 나는 하 호마를 가리키며
"멍청한 정착촌……"이라고 중얼거렸다. 친구는 옆에서
피식 웃으며 맞장구쳤다. 나는 베들레헴의 숨통을 조여 오는
정착촌이 참 미웠다.

하지만 정착촌에 직접 가보면 이런 생각은 쏙 들어가고 만다.
베들레헴에서 보이는 정착촌은 밉지만 그 안에 들어가 보면
평화로운 분위기와 현대식 주택단지에 입이 벌어지곤 했다.
부끄럽지만, 베들레헴을 내려다보는 하 길로 Har Gilo 정착촌에
갔을 때는 '아, 살고 싶은 곳이다!' 하는 생각이 절로 들었다.
'불법'이라는 단어가 전혀 어울리지 않는 고요하고 평화로운
공동체였다. 우리나라 신문, TV에서 홍보하던 한국의
뉴타운보다 더 아름다웠다. 주택단지도 아름답고, 정부의 면세
혜택도 있고, 운전해서 예루살렘의 중심지까지 갈 수 있으니
유대인들이 정착촌에 모이는 건 이상한 일이 아니었다.
모랫빛 주택이 여유롭게 들어선 골목을 걸으며 나는 마음이
복잡해졌다. 아이들의 손을 잡고 집에서 나오는 유대인
아주머니, 가방을 메고 총총 걸어가는 여학생들, 집 앞에서 딸과
입을 맞추는 여인을 보았다. 짐을 한 가득 들고 계단을 내려가는
할머니도 있었다. 가서 도와드리자 할머니는 평온한 얼굴로

카메라를 들이대기가 쑥스러워 도로를 찍는 척하고
셔터를 눌렀다. 베들레헴 안에서 정착촌을 올려다보
면 정착촌 사람들을 악마화하기 마련이다. 하지만 직
접 그들을 마주하면 그런 생각은 쏙 들어간다. '여긴
불법이 아닌가?' 하고 생각했지만 정착촌은 더없이
고요하고 아름다워 보였다.

"고맙네(ㅠㅠ)"를 연발했다. 이날, 내가 은연중에 이 사람들을
악마 취급해 오고 있었다는 사실을 깨달았다. 정착민들도
자신의 가정을 꾸려가는 우리 같은 사람들이라는 단순한
사실을 여기서 깨달은 셈이었다. 물론 팔레스타인 사람들
앞에서는 어떻게 변할지 모르지만 말이다.

하 길로의 변두리 도로에 가니 내가 살던 베들레헴이 한눈에
내려다보였다. 모스크의 첨탑이 여기저기 솟아 있었고, 네모난
주택들이 조금은 난잡하게 모여 있었다. 수많은 건물들이
분리장벽 뒤로 길로를 감싸 안고 있었다. 베들레헴은 생각했던
것보다 거대했다. 이곳에 사는 사람들에게는 저 도시가 숨통을
조이는 위협적인 존재일까?
나는 정착촌을 다니면서 이 사업이 얼마나 강력한지를
실감했다. 바로 '사람'들이 살고 있기 때문이다. 여기 정착해서
가정을 꾸려나가는 저 사람들을 어떻게 몰아낼 것인가? 심각한
안보상의 이유가 없는 한 이 사람들을 건드리는 것도 참 못할
일이다. 2005년 가자지구 전체와 서안지구 일부의 정착촌을
철수시킬 때 전 세계가 이를 똑똑히 보았다. 문제는 너무나
복잡해졌다. 이런 점에서 이스라엘에게 있어 정착촌 사업은
재앙으로 작용할지도 모른다. 30만 명에 달하는 서안지구 내의
정착민으로 인해 미래에 이스라엘과 팔레스타인을 나누는
일이 매우 어려워졌기 때문이다. 무리하게 지속된 이 사업으로
인해 팔레스타인 땅이 너무 많이 쪼개져 팔레스타인 국가 수립
자체가 요원하다. 게다가 이 정착민들 중 일부라도 철수시키는

날에는 무장한 정착민들이 시민 전쟁을 일으킬 가능성도 크다.
그래서 지식인 사회에서는 별개의 팔레스타인 국가를 수립하는
것보다는, 하나의 단일 국가 속에서 두 민족이 함께 사는
해결책을 채택해야 한다는 목소리도 높아지고 있다. 2008년
이스라엘 전 총리인 에후드 올메르트 $^{Ehud\ Olmert}$ 도 이스라엘 신문
〈하아레츠〉에 "이스라엘 사회가 정착촌 사업을 끝내는 데
필요한 용기를 발휘하지 못한다면, 정착촌이 유대인 국가를
끝장내고 이를 두 국적의 국가로 만들 것이다"[38]라고 말했다.
이스라엘은 정착촌 사업을 통해 역사적인 팔레스타인 영토를
조금 더 얻는 대가로 순수 유대 국가를 포기해야 할지도 모르는
상황에 처했다. 물론 순수 유대 국가를 포기하는 것이 현재
대다수 이스라엘 유대인에게는 더 끔찍한 일이다.

"여기에 왜
군인들이 서 있어?"

서안지구는 A, B, C 세 지역으로 나뉜다. 1995년 2차 오슬로
협정을 계기로 이렇게 나뉘어졌다. 이 중에서 이스라엘이
행정과 안보를 모두 담당하는 C지역은 가장 예민한 땅이다.
이스라엘 군인들이 이곳을 드나들며 보초를 서기 때문이다.
사실상 이스라엘의 완전한 통치하에 있는 이 C지역이
서안지구의 70% 이상을 차지한다. 이스라엘 정부는 약 30만
명의 팔레스타인인이 살고 있는 이곳의 1% 미만을 팔레스타인
개발을 위해 계획했다. 나머지는 모두 군사시설, 유대인
정착촌을 위해 계획된 셈이다. 그래서 이곳의 개발 허가가
좀처럼 떨어지지 않아 인구가 아무리 늘어도 팔레스타인
사람들은 새로운 주택, 병원, 학교를 지을 수가 없다. '에라
모르겠다' 하는 심정으로 건물을 지으면 이스라엘 군이

불도저를 몰고 와 건물을 철거한다. 이렇게 철거된 구조물만

2011년에 560개에 달했다(UNOCHA).

하지만 무엇보다도 안타까운 일은 현지인들과 이스라엘 군인
사이의 충돌이다. 그리고 이 충돌의 가장 안타까운 피해자는
바로 학생들이다. 이 C지역에 있는 학교 주변에서는 이스라엘
군인이 학교 주변에서 보초를 서는 바람에 바람 잘 날이 없다.
베들레헴 주의 알 카데르^Al Khader 학교는 분리장벽 바로 옆에
위치한 남자 고등학교로 C지역에 있는 팔레스타인 학교다.

알 카데르 학교에 찾아가 교장 선생님과 이야기하던 중이었다.
별안간 바깥 분위기가 소란스러워졌다. 교장 선생님은 올
것이 왔다는 듯이 굳은 표정으로 창밖을 가리켰다. 열린 교문
사이로 이스라엘 군 지프가 보였다. 총을 메고 지프에서 내리는
병사들을 보자 나도 모르게 덜컥 겁이 났다. 병사 세 명이
지프에서 내리더니 교문에서 수십 미터 떨어진 바위에 자리를
잡았다. 수업이 없는 교사 몇 사람이 교문에서 맞보초를 서고
있었다. 나는 저 병사들이 교문 안으로 들어오지는 않을까 하고
조마조마해 했다.
이스라엘 병사들은 수시로 학교 주변을 돌았다. 학생들이
던지는 돌을 막기 위해서인지 헬멧을 쓰고 있었고, 가방
밖으로 안테나가 더듬이처럼 길게 나와 있었다. 학교의 그물망
밖으로 보이는 병사들을 찍다가 눈을 마주친 나는 기겁을 하고
카메라의 메모리카드를 갈아 끼웠다. 당장이라도 학교로 걸어
들어와 카메라를 빼앗고 사진을 지울 것만 같아서였다. 이 말을

하자 영어 교사 칼릴 브리지아^{Khalil Brijiah} 씨는 웃으며 "무서워 할 건
없어요"라고 말했다.

교장 선생님은 이 와중에도 나를 데리고 당당히 교문 밖으로
나와 학교 주변을 구경시켜 주었다. 군인들이 아까부터 서
있는데도 아랑곳하지 않고 교문 밖으로 걸어 나가는 것이었다.
나는 조금 겁을 먹고 군인들을 힐끔힐끔 쳐다보며 교장
선생님을 따라 나왔다. 우리는 곧 학교를 둘러싸다 만 돌 벽에
이르렀다. 알 카데르 지방 자치회에서 짓다가 만 벽이었다.
학생들을 보호하기 위해 콘크리트 벽으로 지으려고 계획했지만
이스라엘 당국의 반대에 부딪혀 돌 벽으로 바뀌었다. 이후
이마저 이스라엘 당국에 의해 중단되었다고. 교장 선생님은
"이스라엘이 이 지역을 활짝 열어 놓기 원한다"며 언성을

높였다. 나와 교장 선생님이 분리장벽 옆에서 이야기하고 있는
동안에도 이스라엘 병사들은 그 자리에 계속 서 있었다. 자꾸
우리를 쳐다보고 있는 것 같아 불안했다.

학교 안으로 돌아오는 길에 나는 "병사들이 저기 서 있는데
괜찮나요?"라고 물었다. 교장 선생님은 손을 휘저으며 무서워할
게 전혀 없다고 빽빽 언성을 높였다. 병사들이 들으라는 듯이
말하는 것만 같았다. 이곳은 팔레스타인 학교이고, 공식
교장으로서 자신은 전혀 찔릴 게 없다고. 이분의 얼굴과
발걸음은 누구보다도 당당했다. 그리고 그 누구보다 이 현실에
분노하고 있었다.

다행히 이날은 평화로운 날이었다. 이스라엘 병사들이
교문 안으로 들어오지 않았기 때문이다. 칼릴 씨는 이곳
학생들을 괴롭히는 게 저 병사들의 일이라며 현재 4명의
'학생'들이 이스라엘 감옥에 수감되었다고 격앙된 목소리로
말했다. 바로 지난 주까지만 해도 병사들이 교문 안으로
걸어 들어와 자기에게 돌을 던진 학생들을 찾아다녔고, 지난
달에는 최루탄까지 학교 안에서 터졌다. 진풍경을 놓쳤다는
아쉬움보다는 다행이라는 생각이 앞섰다. 총과 최루탄으로
무장한 저 사람들이 저벅저벅 교문 안으로 들어오는 광경을
상상하니 들어가 숨고 싶었기 때문이다.

물론 따가운 신경전은 병사들이 학교 주변에 있는 내내

맞보초를 서고 있는 교사들. 이스라엘 군 지프가 도
착하자 군인 세 명이 지프에서 내려 자리를 잡기 시작
했다. 군인들은 딱 세 명이었지만 학교 앞 공터가 별
안간 꽉 찬 것 같았고, 이때부터 선생님들의 표정에도
조금씩 먹구름이 끼기 시작했다.

계속되었다. 교문 가까이서는 교사들이 병사들을 방해하기 위해
일부러 쓰레기를 태우고 있었기에 매캐한 연기가 학교를 감싸며
뿌옇게 퍼졌다. 병사들이 자주 걸어 다니는 길을 마주한 교실은
모두 강철 창문을 달고 있었다. 밖에서 안을 전혀 들여다볼 수
없는 창문이었다. 교문 앞에서 맞보초를 선 교사들은 뒷짐을
지고 병사들을 쳐다보았고, 지켜보는 나는 불안함을 감출 수가
없었다.

쉬는 시간이 되자, 외국인인 내가 신기했는지 학생들이
몰려와 나에게 몰려와 말을 걸기 시작했다. 그때 교사 한
사람이 "이스라엘 병사들이 너희를 보고 있다"라며 아이들을
해산시키고는 서둘러 교문을 잠갔다. 나는 '이 병사들이
교문 안으로 들어왔더라면 어떤 풍경이 연출되었을까?' 하고
궁금해했지만, 그런 일을 상상하는 것만으로도 여기 학생들에게
실례가 될 것 같았다.
이런 현실에도 불구하고 학생들은 활달하고 명랑했다. 말이
통하지 않아 제대로 된 대화는 나누지 못했지만, 외국인인 내가
신기했는지 쉬는 시간마다 내 주변에 벌 떼처럼 모여들었다.
손을 모으며 "니하오"를 외치는 녀석들도 물론 있었다(일주일 치
"니하오"를 이날 다 들었던 것 같다). 이곳의 상담사인 딥 느자즈레^{Deeb}

Njajreh 씨는 학생들이 주변 군인들을 의식해 주위가 산만하다며 고개를 가로저었다. 물론 이 상황에 익숙해졌다는 말도 이어졌다.

11시 무렵이 되자 쉬는 시간을 보내던 고등학생들이 철조망 주변에 참새처럼 모여 밖을 내다보았다. 무슨 일인가 하고 나도 내다보니, 이웃 학교인 사이드 알라스 Said-Alass 초등학교로 통학하던 아이들이 이스라엘 병사들을 향해 돌을 던지며 약을 올리고 있었다.
병사들과 50미터는 족히 떨어진 거리였고, 아이들이 던진 돌도 얼마 날아가지 않아 힘없이 툭 떨어졌다. 무슨 일이 터질 것만 같은 조마조마함과 함께 "저게 무슨 소용일까……" 하던 찰나, 펑 소리가 나더니 최루탄이 아이들 앞에 떨어졌다. 아이들은 함성을 지르며 흩어졌고, 최루가스는 점점 더 요란하게 퍼졌다. 처음에는 자동차 매연처럼 흰 가스를 뿜는가 싶더니, 곧 뭉게뭉게 가스를 내며 삽시간에 주변을 뿌옇게 만들어 버렸다. 연기가 철조망 안까지 들어와 내 코와 눈도 따가워졌다. 나는 밖으로 나가지는 못하고 철조망 구멍 사이로 소심하게 셔터만 눌러댔다. 누가 들으면 어떻게 초등학생에게 최루탄을 쏠 수 있냐고 따지겠지만, 아이들은 마치 최루탄을

기대했던 것 같았다. 병사들을 자극해서 반응을 이끌어냈다는
기세등등함이 잔뜩 묻어났기 때문이다. 최루탄 연기를 피해
다니는 아이들은 의식을 치르는 인디언처럼 환호했고, 그제야
가던 길을 갔다. 이스라엘 군인들도 '귀찮은 꼬마들, 저래야
갈 길을 가지……' 하는 표정을 하고 있었다. 교사 다섯 명이
교문 밖으로 나와, 뜨거운 햇빛에 얼굴을 찌푸리며 팔짱을 끼고
최루탄 연기를 지켜보고 있었다.

최루탄을 난생 처음으로 봤다는 신기함도 잠시, 이 광경을
일상으로 여기는 이들 학생에 대한 걱정이 불쑥 올라왔다.
최루탄 연기를 보고 철조망 뒤에서 단체로 흥분한 이곳
고등학생들을 보며, 그리고 학교를 순식간에 꽉 채운 이

교사들과 차를 타고 학교를 빠져나가던 중, 칼
긴 이스라엘 병사들이 무장한 채로 학생들을
생들도 병사들을 힐끗힐끗 쳐다보며 지나갔다
이게 하는 풍경이었다. 함께 차를 타고 있던 칼
하며 우습다는 듯이 말을 툭 던졌다. "저건 별기

혼란스러운 분위기를 보며 이건 아니라고 중얼거렸다. 이스라엘
병사들은 아까와 같은 자리에서 무뚝뚝하게 우리를 쳐다보고
있었다.
이들 병사들은 오전 7시부터 11시 사이에 알 카데르 학교
주변에 보초를 선다. 이스라엘이 전적으로 행정과 치안을
담당하는 C지역인 만큼 이스라엘에서는 안보를 이야기하며 이
병사들을 배치한다.

하지만 이곳 사람들은 "현지인들에게 점령하의 현실을
각인시키고, 이들에게 무력감을 심어 주기 위해서"라고 말한다.
아이들의 분노와 공격의 대상이 되는 이 병사들을 매일 보내
보초를 서게 만들어야 할까? 저 군인들도 전혀 행복해 보이지는

가 밖을 가리켰다. 어느새 자리를 옮
고 있었다. 건너편에서 귀가하는 학
돌이라도 던지면 어쩌나 가슴을 졸
는 군인 옆을 지나갈 때 손가락질을
지!(That's nothing!)"

않았다.

수업이 끝나자 고등학생들이 우르르 나와 이스라엘 군인들을
건너편에 두고 걸어갔다. 쏟아져 나온 고등학생들은 관광객
옆을 지나가는 사슴 떼처럼 군인들을 힐끗 보고는 갈 길을
갔다. 학생들이 집으로 돌아가는 시간에 맞춰 저 군인들이
자리를 옮긴 이유를 짐작할 수가 없었다. 학생들에게 원망의
대상인 이 군인들이 시야에 들어와 충돌이 일어나는 게 아닌가
싶었기 때문이다. 나는 이 모든 게 점령하에 있다는 사실을
각인시키려는 이스라엘의 전략이라는 말을 곱씹었다.

나는 쓰레기 태우는 냄새와 조금 전에 맡았던 따가운 최루탄
냄새에 머리가 살살 아파져 집에 돌아왔다. 이날 본 모든 것들이
감당하기 버거웠다. 칼릴 씨의 마지막 말이 머릿속을 맴돌았다.
"우리 교사들은 이스라엘 군인으로부터 학생들을 보호하는
보호자입니다. 우리는 우리 학생들을 지키고 인도하기 위해
최선을 다하죠."

베들레헴 남쪽에 있는 알 칸사^{Al Khansa} 초등학교는 6살부터
11살의 여자아이들이 다닌다. C지역에 있는 이 학교도 예외
없이 이스라엘 병사의 근무 지역이다. 교사로 일하고 있는 낸시
아부-니메^{Nancy Abu-Nimeh} 씨는 군인들이 무서워 학교에 아예 안
나오는 아이들이 있다며 고개를 가로저었다.
알 칸사 학교는 유대인 정착촌 트코아와 가까워 더 예민한

곳이다. 학교에서 나오는 자신을 보고 유대인 정착민이 "당신 학생들이 우리 동네 사람들을 공격하려 했어!"라고 다그쳤다는 웃지 못할 일화를 설명하는 낸시 씨는 학교 아이들이 느끼는 점령의 무게를 대신 짊어지고 있는 것 같았다.

학교에서 공부하는 이 어린이들이 저 군인들을 보면서 어떤 생각을 할까? 베들레헴 대학교 사람들처럼 익숙해져서 별 느낌이 안 들까? 이런 환경에서 자라나는 아이들을 생각하니 돌아오는 발걸음은 무거웠다. 알 카데르와 알 칸사 두 학교 모두 전형적인 베들레헴 학교의 모습은 아니다. 하지만 그렇다 해도 마음이 가벼워지지는 않는다.

금 요 일 의 행 진

매주 금요일 12시가 되면 베들레헴 주 남쪽의 알 마아사라^Al-Ma'sara에는 긴장감이 감돈다. 해방을 외치는 마을 사람들의 행진이 일어나기 때문이다. 이 작은 마을에서는 2006년부터 오늘날까지 매주 금요일에 행진을 해왔다. 처음 시작한 이후로 단 한 주도 빠지지 않았다.

이 운동의 철학은 '비폭력'이다. 공의에 대한 믿음 하나만으로 해방을 이룰 수 있다는 게 이 운동의 신념이다. 자석이 철가루를 끌어당기듯이 비폭력 운동을 통해 사람들을 이끈다고 설명한 마흐무드 자와흐레^Mahmoud Zawahre 씨는 이 운동을 매주 계획하는 지도자 중 한 명이다.

"조심하세요. 프랑스인 한 명이 시위 현장에서 체포됐다가

본국으로 송환된 일이 있었거든요." 택시 정류장까지 나를
데려다 준 현지인이 해준 말에 바싹 긴장한 나는 그저 시위를
지켜보기만 하기로 결심하고 택시에 올라탔다. 알 슈모^Al-Shmoh
문화센터에 도착하자 마흐무드 씨가 나를 맞아주었다. 함께
들어간 오피스 벽에는 마아사라 행진을 기념하는 포스터가
여기저기 붙어 있었다. 이 황량한 오피스를 보니 일제시대 때
활동하던 독립 운동가의 사무실이 이렇게 생겼을까 싶었다.

지금까지 이스라엘 감옥에 13번 다녀왔다는 마흐무드 씨의
첫 인상은 강렬했다. 눈은 밝게 빛났고, 울퉁불퉁한 얼굴에는
고난의 흔적이 서려 있었다. 무엇보다도 얼굴에서 느껴지는
당당함이 나를 압도했다. 시위에 대해 설명하던 마흐무드
씨는 걸려 온 전화를 받더니 이스라엘 당국에서 마을
입구를 봉쇄했다고 심난한 표정으로 나에게 말했다. 시위에
사람들이 참여하는 걸 막으려는 거라고 덧붙인 그는 우회로로
들어오라는 글을 페이스북에 남겼다. 이분과 대화하면서
관찰자로서 보기만 하는 것도 참 비겁하다는 생각이 고개를
들었다. 하지만 체포되었다는 익명의 프랑스 아저씨를 생각하자
다시 오금이 저렸다. 그렇게 오후 12시가 되었고, 마흐무드 씨와
사람들은 자리를 박차고 나갔다.

조촐한 행진이었다. 많지 않은 사람들이 팔레스타인 국기를
들거나 몸에 두르고 황량한 마을을 걸었다. 행진을 계속하면서
사람들이 조금씩 불어나기 시작했다. 사람들은 준비한

현수막을 펼치며 결연한 표정을 지었다. 이스라엘, 호주,
영국에서 온 평화 운동가도 하나 둘씩 행진에 합류했다. 어느새
행진 대열은 병풍처럼 길을 막아선 이스라엘 병사들 앞에
도착했다. 행진에 참여한 사람들은 20명이 채 안 되었다. 올
것이 왔구나 싶었다.

행진하던 사람들의 첫 마디는 "길을 열어라!(Open the
road!)"였다. 여기는 우리 마을이고, 이스라엘이 여기를
막을 권리가 없다는 고함이 이어졌다. "우리의 인권은 어디
갔느냐!"라는 구호도 튀어나왔다. 평화로운 행진을 왜 막냐는
울부짖음에 분위기가 빠르게 험악해지기 시작했다. 우리
마을이니 그냥 지나가자며 막무가내로 비집고 나가 행진을
계속하려는 사람, 팔레스타인 국기를 흔들며 병사들에게
삿대질하는 사람, 네게브의 토착민을 몰아내지 말라는
현수막을 병사들의 얼굴에 들이대는 사람, 그리고 옆에서 이
사람들을 촬영하는 수십 명의 사람들까지. 시위 현장은 점점
격해졌다.

연설도 빠지지 않았다. 나는 빛바랜 머리를 한 아저씨의 한
마디를 잊을 수가 없었다. 팔레스타인 사람들의 시각을 보여
주는 것만 같아서였다.

"너희는 미국과 악^{evil}이 지지하지만 우리는 전 세계와 정의^{justice}가
지지한다!"

곧이어 평화로운 시위니 길을 열라는 구호가 계속해서 이어졌다.
우리의 인권은 어디 갔냐는 구호도 끊어지지 않았다. 아랍어
연설도 있었다.

알아들을 수는 없었지만 "남아프리카", "히틀러", "무솔리니",
"홀로코스트" 등 자극적인 단어가 분명히 들렸다. 유대인의
트라우마인 '홀로코스트'가 튀어나왔을 때는 무슨 일이 생길
것만 같아 덜컥 겁이 났다. 나에게는 이 순간이 일촉즉발의
상황이었지만 사람들은 그저 시위를 계속했다. 이스라엘
군인들과 국경 경찰들은 아까와 똑같은 표정으로 가만히 서

길을 막아선 병사들을 만나자 행진은 점점 시위로 바
뀌어갔다. 참여한 사람들보다 이스라엘 군인들의 숫
자가 더 많아 보였다. 자동차가 지나갈 때마다 병사
들은 대열을 유지한 채 길을 터주곤 했다. 그때마다
그 틈으로 사람들이 행진을 계속하려다가 다치지는
않을까 조마조마했다.

있을 뿐이었다. 매주 있는 이 시위가 군인들에게는 그저 일상이
된 걸까? 무뚝뚝한 표정으로, 언짢은 표정으로 방패를 들고
서 있는 병사들은 대체 무슨 잘못일까. 국방의 의무로 불려 와
거친 구호들을 매주 감당하는 저 병사들도 전혀 행복해 보이지
않았다. 하지만 행진하는 사람들에게는 평화 행진을 막아
선 이 병사들이 원망의 대상일 뿐이다. 그리고 이 상황에서
자신의 분노를 쏟아놓을 유일한 대상이었다. 어느 마을
사람은 투명한 방패를 들고 선 흑인 병사를 향해 "너희 조상은
여기서 태어나지 않았다! 너는 여기 1분도 있을 자격이 없다.
네 고향 아프리카로 돌아가라!"라며 처절하게 외쳤다. 현장을
촬영하느라 여념이 없는 외국인과 기자, 평화운동가들끼리도
일종의 몸싸움이 일어났다. 촬영하는 사람들은 무슨 생각을
하고 있을까? 특종을 건졌다는 생각을 하고 있을까, 아니면
정의에 대한 사명감에 불타고 있는 걸까? 나는 복잡한 감정에
휩싸였다.

그런데 조금 이상했다. 격했던 몇 번의 충돌이 지나자 다들
한 발 물러났기 때문이다. 얼마 지나지 않아 병사들을 향해
고래고래 소리치는 몇 사람들만 전방에 남아 방패를 든
병사들을 상대했다. 뒤편에 있던 이스라엘 군인과 경찰들은
휴대폰으로 현장을 동영상 촬영하기도 하고, 동료들과 대화하며
웃는 여유까지 보였다. 큰 시위가 아니라서 그런지, 그리고 매주
일어나는 일이라 그런지 길을 막아 선 병사들 뒤로 갑작스럽게
누그러지는 분위기가 느껴졌다. 이 사람들을 촬영하는

외국인들의 표정도 이상하게 여유로웠다. 한 발 물러선 마을
사람들 중에서도 서로 웃고 떠드는 모습이 간간이 보였다. 매주
같은 곳에서 이렇게 저지당하는 데 익숙해졌기 때문일까? 이
사람들의 표정에는 "이번 주도 이렇게 끝나는구나" 하는 기색이
역력했다. 한 시간이 채 안 돼서 현장은 마무리되기 시작했다.
전방에 아직도 남아 구호를 외치는 몇 사람들이 안쓰러울
정도였다.

마지막에는 마흐무드 씨 혼자 방패를 든 군인들을 상대했다.
혼자서 길 한쪽에서 다른 쪽까지 왔다 갔다 하며 군인들에게
말을 걸었다. 마흐무드 씨는 묵묵부답인 군인들 한 사람
한 사람의 얼굴에 휴대폰을 들이대며 "너희들을 계속
지켜보겠다"라고 말했고, 군인들과 일일이 눈을 마주쳤다.
자신의 얼굴에 휴대폰이 들어오자 몇몇 군인들은 반사적으로
투명한 방패를 올려 얼굴을 가렸다.
이어 몇 분 동안 연설을 한 마흐무드 씨는 다음 주에도
돌아오겠다며 사람들과 함께 돌아갔다. 마흐무드 씨의 표정은
끝까지 당당했다. 뒤에 한 발짝 물러나 서 있던 사람들도
기다렸다는 듯이 일제히 돌아갔다. 이 모든 게 내 눈에는
계란으로 바위 치기였다. 매주 금요일마다 이렇게 막혀
퇴각하는 것도 굴욕적인 일일 텐데 어떻게 이 일을 매주 할 수
있을까?
나는 체포되지도, 그 익명의 프랑스 아저씨처럼 본국으로
송환되지도 않았다. 하지만 힘없는 평화 시위를 직접 본 내

마음은 무거워졌다. 강력한 독립국가 이스라엘과 그 군인들을
마주하는 마을 사람들은 너무나 나약했다. 인권을 외치며
방패 사이를 비집고 나가 행진을 계속하려는 사람들에 비하면
군인들의 투명한 방패는 비교할 수 없이 강했다.

악은 악을 낳는다며 폭력적인 저항에 반대해 온 나는 이날
고뇌했다. 점령이라는 악을 비폭력 행진으로 마주하는
알 마아사라 사람들과 평화 운동가들은 별 힘을 쓰지 못하는
것만 같았기 때문이다. 하지만 폭력을 사용하면 응징이라는
끔찍한 결과만 초래할 뿐이다. 이는 악순환을 부르는 뻔한
시나리오이지 않은가.

하지만 마을 사람들은 혼자가 아니었다. 병사와 몸싸움이
붙을 뻔했던 이스라엘 평화 운동가, 인권에 대한 구호를 함께
외치던 영국 평화 운동가, 정신 없는 현장 한가운데서 사람들을
인터뷰하던 다양한 얼굴의 사람들이 함께 있었다. 나는
현장에서 스위스의 기독교 단체 'EAPPI'에서 파견된 사람들도
만났다. 이 단체 소속의 아저씨는 자신의 명함을 주며 사역을
소개했다. 베들레헴에서의 기도회, 현장 조사, 세미나 등을
진행하고 있다며 조곤조곤 자신의 사역을 설명해 주는 그의
눈에서 빛이 나는 것 같았다. 우리는 공의의 하나님에 대한
이야기를 나누며, 그리고 많은 기독교인이 점령하의 폭력을
모르고 이스라엘을 일방적으로 응원한다는 이야기를 나누며
함께 공감했다. 베들레헴, 아니 팔레스타인 사람들은 혼자가
아니었다. 이 사람들이 처한 점령의 현실을 세계에 알리기 위해

마지막까지 병사들을 상대하는 마흐무드 씨. 얼굴에
는 당당함이 가득했고, 목소리에는 힘이 넘쳤다. 마
흐무드 씨 뒤에는 수십 명의 참가자와 취재진이 돌아
가자는 신호를 기다리듯 가만히 서 있었다. 일렬로
선 병사들 뒤로는 이제 다 정리된 것 같다는 안도감
이 퍼지는 것 같았다. 여느 때와 같은 퇴각을 앞둔 현
장이었다.

투쟁하는 사람들을 이날 직접 만났다.

이날 만나 함께 대화했던 한 이스라엘 평화 운동가는 다음
해에 뉴스 기사에서 다시 만났다. 2014년 4월 헤브론에 살던
팔레스타인 가정의 건물을 몰수한 데 반대해 열린 시위였다.
이스라엘 병사들에게 팔다리를 붙들려 이송되는 여인은 분명
그 사람이었다. 처음 만났을 때와 같은 체크무늬 차림의 그녀는
실신한 것 같았다. 눈은 감겨 있었고, 몸은 축 쳐져 있었다.
자신의 신념을 몸바쳐 실천하고 있는 이 여인을 보며 나는 다시
깊은 생각과 부끄러움에 잠겼다.

우린 팔레스타인인이니까

베들레헴 대학교 친구들은 나에게 왜 베들레헴 땅에 오기로
결심했냐고 묻는다. (솔직히 말해 당시에는 '모험'을 위해 이곳을
선택했지만) 나는 "팔레스타인 땅에 대해 배우고 싶어서
왔지"라고 대답하곤 했다. 그러면 어김없이 "그럼 이곳에 대해
어떻게 생각해?"라는 질문이 이어졌다.
나는 이 복잡한 땅을 어떻게 요약해야 할지를 몰라
어물쩡거렸고, 고작 한다는 대답이 "여긴 참 평화로워"였다.
평화롭다는 말이 친구들 기분을 상하지 않게 하면서도 이곳의
복잡한 상황을 나쁘지 않게 묘사하는 단어인 것 같아서였다.
대부분의 친구들은 시큰둥한 표정으로 고개를 끄덕이며
넘어가곤 했다.
하지만 아무르 퀴디맛^{Amro Qudimat}은 달랐다. 아무르는 베들레헴이

평화롭다는 내 대답에 따지듯이 "우린 검문소 때문에 예루살렘,
텔 아비브, 에일랏에도 갈 수가 없어. 이게 평화로워? 검문소랑
총 든 이스라엘 군인이 여기저기 있는데?"라고 말했다. 분노에
찬 표정은 아니었다. 하지만 쉴 새 없이 이어지는 아무르의 말에
나는 할 말이 없었다. 나중에 안 사실이지만 아무르는 2000년
인티파다 때 부모님을 잃은 고아였다. 나는 어떻게 그렇게
됐냐고 물었고, 아무르는 부모님이 안보를 이유로 살해되었다고
대답했다. 부모님이 이스라엘 군에 살해될 당시 그의 나이는
5살이었다고. 조금 더 깊은 대화를 하면서 아무르는 자기의
부모님도 이스라엘 군인을 살해했다는 이야기를 털어놓았다.
나는 아무르의 담담한 태도는 물론 불쌍한 자기에게 돈을
기부하라는 농담에 더 놀랐다.

베들레헴 사람들은 이 땅에서 일어난 일들을 외국인인 나에게
주저 없이 이야기해 준다. 이들의 상처를 들춰내는 게 아닌가
싶어 조심스러웠지만, 현지인들은 자신의 이야기를 자세히,
때로는 열의에 차 설명해 주었다. 사람들은 이스라엘이 땅을
빼앗아 간 피의자라는 말을 빼놓지 않았다. 물론 외부에서
팔레스타인-이스라엘 문제를 보는 시각도 어느 정도 알고
있었다. 특히 팔레스타인인들을 테러리스트로 뭉뚱그리는
서방 언론의 흔한 보도 방식도 의식하고 있었다. 미국에서
한 학기 공부했다는 디나 리쉬마위도 팔레스타인 사람들을
테러리스트로 취급하는 미국 사람들을 보고, 그리고 애초에
팔레스타인 따위는 없었다고 설명하는 미국인을 만나 속상했던

베들레헴에서 이－팔 문제에 관한 이야기를 수십 명과
나누었지만 이곳 사람들의 핵심 메시지는 하나같았다.
이스라엘이 팔레스타인을 점령하고 있으며, 팔레스타인은
피해자라는 것이었다. 사실 베들레헴 대학교는 한 학기 약
136만 원이라는 큰 액수의 등록금을 감당할 수 있는 학생들이
다니는 학교이다. 즉 나름의 생활수준을 가진 사람들이라는
뜻이다. 그래서 나는 학교 친구들이 다소 보수적이고, 따라서
반이스라엘 감정이 약할지도 모른다는 생각을 하곤 했다.
하지만 전혀 그렇지 않았다.

베들레헴에서 만난 사람들 중 제일 기억에 남는 두 여인의
이야기를 소개하고 싶다. 한 명은 베들레헴 대학교에서 만난
친구이고, 다른 한 명은 분리장벽 옆에서 만난 분이었다.

내 친구 야라 제라쉬 Yara Jerashi

검은 머리를 풀어헤치고 다니는 야라는 철학 수업에서 만난
여학생이다. 우리는 서로의 낙서를 보여 주며 빠르게 친해졌다.
야라가 처음 나에게 보여 주었던 낙서는 잊을 수 없었다.
'Misory'라는 단어가 그래피티처럼 그려져 있었다. '비참함'을
의미하는 'Misery'를 그리려고 했던 것 같았다. 그래픽 디자인을

그래픽 디자인을 공부하고 싶었으나 이곳에서는 불
가능했다는 야라. 야라의 공책에는 "혁명, 승리", "참
어렵다(So hard)", "야라", "웃자", "예수" 등의 글씨가 어
둠침침한 스타일로 그려져 있었다.

공부하고 싶었지만 팔레스타인에서는 불가능했고, 할 수 없이
영문학을 전공하고 있다고 말하는 야라의 표정에 조금씩
먹구름이 끼기 시작했다. 이스라엘 건국 당시, 그녀의 집안은
고향 땅에서 쫓겨나 베들레헴에서 살아 왔다. 야라는 난민이었다.
자신의 고향 이야기를 하는 야라의 말은 점점 빨라졌다.

야라와 함께한 대화는 자연스럽게 이스라엘의 점령 쪽으로
흘러갔다. 검문소 문제와 팔레스타인 사람들에 대한 차별을
논하며그녀는 "왜냐고? 우린 팔레스타인인이고 자기들은
이스라엘인이거든"라는 말을 반복했다. 나는 야라의 말을
들어주어야 한다는 책임감에 맞장구를 치며 "끔찍한걸……"을
연발했다. 이스라엘에 대한 얘기를 할 때마다 야라의 말은 자꾸
빨라졌다.
가장 안타까운 이야기는 야라의 친척 오빠 이야기였다.
팔레스타인 해방 운동에 연루되어 35년 형을 선고받고 이스라엘
감옥에 수감되어 있기 때문이다. 이후 야라의 일가는 허가증이
박탈되어 이스라엘 영토로 넘어갈 수 없게 되었다. 오빠의
어머니는 오빠를 보기 위해 새벽 4시에 일어났다가 저녁 7시에
들어온다고. 허락되는 면회 시간은 고작 45분이다.
2002년에 이스라엘 군이 베들레헴을 폐쇄하고 통금을 선포했을
때 야라가 죽을 뻔했다는 이야기는 나의 간담을 서늘하게 했다.
아무것도 모르고 집 주변을 서성이던 야라에게 이스라엘 군이
총을 쏘았기 때문이다. 당시 야라는 9살이었다. 이날 죽을
뻔했다며 흥분하는 야라의 이야기는 감당하기 버거웠다.

나는 야라의 이야기를 들으며 집중해야겠다는 사명감을 계속
느꼈다. 이 가슴 아픈 사연들을 귀담아 들어주는 것이 그녀를
위로할 수 있는 거의 유일한 방법이라는 생각에서였다. 나는
계속 눈을 마주쳐 가며 야라의 이야기에 고개를 끄덕였지만,
그녀의 격한 말투와 눈빛에 계속 겁을 집어먹곤 했다. 야라는
마음 깊은 곳에 큰 상처를 안고 살아가고 있었다. 아무도
방해하지 않는 조용한 곳에서 혼자 살고 싶다는 야라. 고요한
알래스카 이야기를 하는 동안은 그녀의 눈이 잠깐 빛났다.

나할라 사르한 Nahla Sarhan

나할라 사르한 Nahla Sarhan 씨의 일가는 분리장벽이 건설되면서
올리브 밭을 몰수당했다. 여전히 분리장벽 옆을 지키며 살고
있는 나할라는 내가 이야기한 현지인 중 가장 차분하고
지식인다웠다. 감정적이다 싶었던 몇몇 사람들과는 달리
나할라는 진지하게 자신의 입장을 정리해 주었다. 유엔
팔레스타인난민구호기구UNRWA에서 4년 동안 일하며 베들레헴과
예루살렘에서 지냈다는 나할라. 나는 분리장벽을 따라 걸으며
나할라를 처음 만났고, 언제든지 찾아오라는 그녀의 말에
우리는 지속적으로 만나며 교제했다. 나할라는 내가 찾아갈
때마다 차와 과자를 내온 뒤 팔레스타인과 베들레헴 이야기를
들려 주었다. 어느 날, 나는 기자가 된 기분으로 그녀에게
질문을 던졌다.

오늘날 우리는 살기 위해 투쟁하고 있다고 말하고 싶어. 하루하루 일하고 먹기 위해서 말이야. 그럼에도 불구하고 우리는 안정감을 느끼지 못하며 살아가고 있지. 특히 우리를 둘러싼 유대인 정착촌을 보면서 엄청난 답답함을 느껴.

유대인과 아랍인은 땅을 공유해야 해. 우리는 떠날 수 없고 유대인들도 이 땅에서 무슬림들과 1,000년 넘게 공존해 오지 않았니?

극단적인 관점을 가진 몇몇 유대인이 배타적 소유권을 주장하고 영국령하에 있던 땅을 차지해 문제가 시작되었지. 일부 극우파들이 문제를 유발해 오고 있는 셈이야. 그리고 자신의 정치적 입장을 전 세계에 관철시키려는 이들의 노력도 문제고. 하지만 우리는 희망을 갖고 있어. 언젠가 우린 해결책을 찾을 거야.

이-팔 간의 평화가 가능할까요?

어려운 질문이네⋯⋯. 갈 길이 멀어 보여. 특히 유대인과 우리(무슬림)가 모두 성지로 여기는 예루살렘, 그리고 전 세계에 흩어진 팔레스타인 난민 문제는 제일 힘든 난제지.

사실 이스라엘은 팔레스타인 사람들로 하여금 해결책은 없다는 생각을 하도록 유도하고 있는 것 같아. 수십 년 동안 협상이 진행 중이지만 진전된 건 없고. 문제 해결을 원했더라면 이렇게까지 상황이 악화되고 협상이 무의미해지지는 않았겠지. 이스라엘은 입으로 평화를 말하지만 반대로 행동하고 있는 것

같아. 한때 정착촌 사업을 중단하겠다고 선언했지만 오늘날까지
정착촌은 대규모로 확장되어 왔고, 팔레스타인 곳곳에
검문소와 군사 지역을 추가로 세워 통행의 자유를 억압하고
있지. 그래서 사람들은 화가 났고 폭력이 심화되었어. 우리는
그저 일하고, 학교에 가고 싶을 뿐이야.

나할라는 일부 우파 유대인 진영과 유대인 전체를 구분하며
자신의 입장을 설명해 주었다. 평화 협상에 대한 나할라의
입장은 회의적이었지만 언젠가는 해결책을 찾을 거라고 말할
때에는 눈동자가 반짝하는 것 같았다.
이날, 나는 6살 된 나할라의 조카 이야기를 곱씹으며 집으로
터벅터벅 걸어갔다.

"어린 조카들과 길을 다니다 보면 총 든 이스라엘 군인들을
마주해. 그러면 조카들은 "왜 여기에 군인들이 있어? 총은 왜
들고 있어?"라고 물어보지. 이때마다 참 난감해. 이 어린이들이

어떻게 반응하도록 기대해야 할까? 이 현실에 대항해 싸우도록
해야 할까, 아니면 그저 침묵하도록 해야 할까? 싸우면서 위험을
무릅쓰는 것과, 비겁하지만 안전하게 사는 것 중 어느 것이
옳을까?"

내가 만약 나할라였다면 조카에게 어떻게 설명했을까? "우리는
지금 이스라엘에 점령당한 상태고 그래서 군인들이 서 있는
거야"라고 말할 수 있을까?
다음 번에 나할라를 찾아갔을 때는 그녀의 친척들과 대화를
나눌 수 있었다. 나할라와 친척 여섯 명이 다같이 모인
자리였다. 여섯 친척들은 처음에 나를 조금 경계하는 것 같았다.
그래서인지 무슨 이야기를 할지 망설이는 분위기였다. 이야기한
내용이 글로 쓰일지도 모른다는 말에 더 예민해지는 것
같더니 한국에서 출판된다는 말에 마음을 놓았는지, 이때부터
점령하의 설움을 조금씩 토해내기 시작했다. 그리고 얼마
지나지 않아 점령하의 불안한 삶에 대한 이야기가 나왔다.
통행의 자유가 가장 기본적인 자유이기 때문일까, 통행의
자유를 보장받지 못하는 현실 이야기가 가장 많이 쏟아져
나왔다. 검문소와 관련된 서러운 기억이 유난히 많이 나온
것이다. 아무 이유 없이 검문소에서 4시간 동안 붙잡혀 서
있던 날, 수염이 덥수룩한 채로 나갔다가 검문소에서 따로
불려가 집중 조사를 받은 날, 검은 옷을 입고 나갔다가 온몸을
수색당했다는 탄식까지. 특히 검문소에서 수 시간 동안 붙잡혀
있는 바람에 점심 시간이 되어 일터에 도착했다는 일화는

자신의 이야기를 털어놓는 나할라의 친척들. 외국인
인 나로서는 믿기 힘든 이야기였지만, 이 사람들에게
는 더 이상 서로 이야기하지 않는 일상이다.

내 미간을 찌푸리게 했다. 나블루스에 있는 학교에 다닌다는
이브라힘 사르한[Ibrahim Sarhan]은 예고 없이 검문소를 닫는 날에
학교도 시험도 모두 포기해야 한다며 이스라엘이 별 다른 이유
없이 팔레스타인 사람들을 화나게 하는 작전을 쓰는 것 같다고
말했다. 모하메드 사르한[Mohammed Sarhan] 씨가 "지금 이 순간에도
이스라엘 군인이 들이닥쳐서 총을 겨누며 우리를 잡아갈지도
모른다"라는 말을 했을 때는 움찔했다.

그 외에도 베들레헴을 조여 오는 유대인 정착촌 문제, 그리고
좁은 땅에 갇혀 살아가는 단조롭고 지루한 삶에 대한 설움까지
들을 수 있었다. 나는 '내가 팔레스타인 사람으로 태어나지
않아 참 감사하다'라는 생각을 했던 것이 얼마나 이기적인지를
깨달았다. 현지인들과 얼굴을 맞대고 이야기하면서 이 사람들의
이야기는 점점 '먼 중동 땅의 일'에서 '나의 일'로 바뀌어
갔다. 이 사람들이 마음 깊은 곳에 가지고 살아가는 절망감과
무력감을 생각할 때마다 나는 머릿속이 복잡해진다. 그리고
이 현실을 바꾸기 위해서 할 수 있는 일이 마땅히 없다는 데서
'절망감'도 느낀다.

수업 시간

수업 시간에도 점령하의 현실은 늘 거론되었다. '민주주의와
인권' 수업 시간에는 이스라엘 점령하에 놓인 베들레헴/
팔레스타인의 현실이 다반사로 거론되었다. 교수님도, 학생들도

인권 유린의 사례를 들며 이스라엘의 무재판 구금, 가택 침입
등을 예로 들곤 했다.

하지만 가장 기억에 남는 날은 영어 스피치 수업 시간이었다.
두 번째 과제로 존경하는 사람에게 경의를 표하는 스피치를
발표했는데, 정치적인 인물이 잊을 만하면 등장했기 때문이다.
물론 이들 인물은 팔레스타인 해방 운동과 관련 있는
사람들이었다. 팔레스타인의 해방을 외치다가 이스라엘
정보기관 모사드에 암살된 소설가 가산 카나파니 Ghasan Kanafani,
캐나다에서 팔레스타인의 상황을 알리기 위해 몸바친
행위예술가 라피프 제이아다 Rafif Zeiada 처럼 낯선 인물도 등장했다.
물론 전 팔레스타인 자치정부 수반 야세르 아라파트도 빠지지
않았다. 미리 준비했는지 파타당의 상징인 흑백 체크무늬
스카프를 목에 두른 이 여학생은 팔레스타인 정치가 논의될
때마다 아라파트가 꼭 언급된다며 한쪽 주먹을 불끈 쥐었다.
자신의 생일 전날이 아라파트의 사망일이라는 그녀는 자신의
생일이 돌아올 때마다 늘 그를 생각한다고 목소리에 힘을
주었다. 이 여학생의 눈은 초롱초롱 빛나고 있었다. 자신의
부모님에게 경의를 표하며 이스라엘과 얽힌 악몽을 격한
목소리로 풀어내는 친구들도 있었다. 2차 인티파다 때 숨죽이며
지하실에 숨었던 이야기부터, 유대인 정착민에게 폭행당해
피투성이가 되었다는 자기 아버지의 이야기까지. 나에게는 이
모든 상황이 안타까웠고, 여기에 얽힌 살벌한 현실에 심난했다.
베들레헴에서 현지인들과 대화를 나누고 이들의 삶을

들여다보면 자연스럽게 이스라엘이 미워지기 마련이다.

솔직히 말해서, 처음 두 달 동안 두 민족을 동등하게 바라보는
일은 거의 불가능했던 것 같다. 첫 두 달 동안 나는 잘 살던
팔레스타인 토착민들을 밀어내고 이 남은 땅마저 점령한
이스라엘을 미워했다. 그리고 현지인들이 입은 피해에 가슴
아파했다. 팔레스타인 무장단체에서 이스라엘의 민간인을
겨냥하여 자행한 공격도 무시무시한 범죄이지만, 이들을 그렇게
만든 쪽은 이스라엘이지 않은가? 이스라엘이 땅을 점령하며
사람들을 억압하지 않았더라면 이들 무장단체가 등장했을까?
곪아 터진 베들레헴의 현실을 발견해 가며 나는 참 우울해졌다.

하지만 유대인은……

하지만 주말마다 이스라엘 땅에 나가 유대인들을 볼 때마다
이스라엘을 미워했던 내 생각은 흔들렸다. 먼저 '얼굴 없는
침략자' 유대인은 악마가 아니라 우리 같은 사람이라는 점을
배워 갔다. 행복한 얼굴로 유모차를 끌고 다니는 유대인 부모,
정통 유대인 복장을 입고 걸어 다니는 아저씨들, 벤치에 앉아
토라를 읽는 할아버지들, 키파를 쓰고 원반을 던지며 노는
청년들까지. 이들도 모두 나와 같은 사람들이었다. 주중에
베들레헴 사람들과 교제하다가 이스라엘에 나가 유대인들을
보는 일은 혼란스러운 경험이었다.

유대인들이 이방인들과 잘 섞이지 않으려고 한다는 말을 듣고

긴장했지만 유대인들은 생각보다 외부인에게 열려 있었다.

검문소에서 한국 여권을 보여 주자 "강남 스타일?" 하며 웃던
이스라엘 군인부터, 내가 한국에서 왔다고 하자 흥분한 어조로
영화 〈악마를 보았다〉 얘기를 꺼낸 이스라엘 박물관 직원까지.
이 사람들이 처음에 팔레스타인 땅을 빼앗을 때 들어온 사람은
아닐 것이다. 대대손손 여기서 자라난 사람일 수도 있고,
물려받은 집을 버리고 떠날 수 없기에 그냥 살고 있는 사람일
수도 있다. 아니, 시오니즘에 반대하는 평화운동가일지도
모르는 일이다. 그런 건 내가 함부로 판단할 수 없었다. 행복하게
정착해 살고 있는 유대인들을 보며 이들을 다시 몰아내는 것도
참 잔인한 일이라는 생각마저 들었다.

이렇게 나는 일주일에 수차례 이스라엘에 나가며 이 민족에
대한 생각을 재고해야 했다. 사람들을 미워해서는 안 된다는
기초적인 진리부터, 유대인들 모두 하나님이 팔레스타인
사람들만큼이나 사랑하는 사람들이라는 사실까지.
무엇보다도 나는 이스라엘 도시로 나갈 때마다 불안했다.
성난 팔레스타인 사람이 내가 탄 버스를 폭파하지는 않을까
하는 불안감이 이스라엘에 있는 동안 나를 괴롭혔다. 어느
날은 수상한 물체가 발견되어 내가 타고 있던 열차의 운행이
잠시 중단되었다. 나는 곧 폭탄이 터지는 건 아닌가 하는
두려움에 도망치듯 멈춰 있는 열차에서 빠져 나와 주변을
살폈다. 부끄럽지만 베들레헴에서 살을 맞대고 살던 팔레스타인
사람들을 이스라엘에서 마주치는 일은 참 어색했다. 이스라엘

현지인이 "2000년대 초반만 해도 버스 폭발에 폭발, 폭발……
끔찍했지"라고 한 말을 떠올릴 때는 이스라엘에서 아랍인들
보는 게 무섭기까지 했다.

그럴 때마다 나는 분리장벽과 검문소를 생각하며 내 불안감을
달래곤 했다. 나는 장벽 건설 이후로 이스라엘 시민을 겨냥한
테러의 90%가 감소했다는 유대계 압력단체 AICE의 통계[39]를
떠올리며 한시름 놓곤 했다. 땅 따먹기 계획을 가리기 위한
연막탄이라고 불렀던 그 통계였다. 가끔씩은 총을 메고 다니는
이스라엘 군인들을 보고 든든함을 느끼는 나 자신을 보며
놀라기도 했다. 언제 벌어질지 모르는 공격으로부터 우리를
지켜줄 든든한 사람들이라는 생각에 총에 대한 두려움이
안정감으로 변하곤 했기 때문이다. 악이 악을 낳은 현실을
통감하는 날들이었지만, "다 팔레스타인 사람들 잘못이네" 하고
단정지으며 더 이상 생각하지 않는 내 모습을 다잡아야 할 때도
여러 번 있었다.
갈릴리 북쪽의 텔 하이Tel Hai는 1920년, 초기 유대인 이주민과

토착 아랍인 비정규군이 전투를 벌였던 곳이다. 나는 복원된
건물에 들어가, 당시 상황을 재현한 비디오를 보며 시종일관
미간을 찌푸렸다. 총을 든 아랍 토착민들이 대(大)시리아의
명분을 위해 떼지어 텔 하이를 포위하는 모습, 공포에 질려
창 밖을 내다보는 유대 여인의 얼굴, 배에 총을 맞고 신음하던
유대인, 그리고 유대인의 집에 침입하여 총을 난사하던
아랍인까지 나에게 충격으로 다가왔다. 나중에 텔 하이가
아랍인들에 의해 불타 없어졌다는 말을 들으며 나는 다시 한 번
미간을 찌푸렸다. 이날 아랍 토착민들은 갈 곳 없이 도망쳐 온
유대인을 학대한 악의 세력이 되었고, 유대인은 자신의 최후의
보루를 지키기 위한 희생자로 변모했다.

텔 하이를 나오자 아름다운 주택들과 끝없는 초록빛 언덕이
펼쳐졌다. 나는 유대인들이 수난을 이겨 내고 이 문명을
세웠다는 생각에 전율을 느꼈다. 그러나 이건 역사의 한 조각일
뿐이었다. 이스라엘에서 태어나서 이런 역사만을 교육받고,
이따금씩 날아오는 하마스의 로켓 공격 소식을 들으면서
강경한 우파 유대인이 되는 것은 너무나 자연스러운 일이
아닐까 하는 생각이 문득 들었다. 그러나 베들레헴에 돌아와
현지인의 이야기를 들으면 다시 생각이 바뀌곤 했다. 처음 몇
주 동안 나의 관점은 그네 타듯이 왔다 갔다 했다. 혼란스러운
시간이었다.

예루살렘 거리의 한 유대인 가정. 유모차의 아기를
돌보며 행복하게 웃는 어머니를 보면서 이 사람들을
다시 생각했다. 활력 넘치는 거리, 잘 정비된 거리와
마을들을 보자 이번에는 이스라엘 공동체의 일원이
되는 기분마저 들었다.

"우린 이런 일에 익숙해"

2013년 9월 24일, 이스라엘 군이 성전산 사원^{Al-Haram Al-Sharif}을
폐쇄했다. 성전산 사원은 이슬람에서 세 번째로 신성한 장소로,
유대인의 옛 성전 터 위에 세워져 빈번하게 유대인과 아랍인
간의 마찰의 무대가 되는 곳이다. 이슬람의 예언자 무함마드가
천마를 타고 승천했다고 여겨지는 곳이자 아브라함이
아들(이스마엘)을 바치려고 쌓은 제단이 있다고 전해지는
곳이라 무슬림들의 성지 순례에 있어 빠지지 않는 목적지다.
이날 이스라엘은 성전산 사원과 함께 예루살렘과 이어지는
도로들까지 폐쇄했다.
그렇게 오후 12시부터 2시까지 베들레헴 대학교의 수업은
갑작스럽게 취소되었다. 2시 이후 수업이 재개되었지만 제대로
이루어질 리가 만무했다. 이날 3시에 있었던 스피치 수업에는

18명의 학생 중 6명만 나왔고, 우리는 15분을 기다리다가
해산했다. 수업이 즉석에서 취소되었다는 해방감보다는
안타까움이 앞섰다. 이렇게 변수가 많아서 대학 교육이 제대로
이루어질까 싶었기 때문이다. 무엇보다도, 이스라엘이 한번
손을 휘두르면 옆 도시의 대학까지 피해를 본다는 사실을
받아들이기 힘들었다.

하지만 대학교 사람들의 반응은 시큰둥했다. 다들 익숙해져서
별일 아니라는 듯한 모습이었다. 이날 상황을 설명해 준 영문학
교수님은 "유대인이 성전산 사원을 부수고 제3성전을 짓기
위해서 가는 길을 막았지"라고 말씀했다(알고 보니 농담 반 진담
반이었다). 나는 화들짝 놀라서 그게 사실이냐고 물었더니,
교수님은 "우린 이런 일에 익숙해"라며 웃음을 지었다. 평화로울
만하면 이스라엘에서 이렇게 일을 벌인다는 말씀도 덧붙였다.
이상하게 교수님은 전혀 긴장한 기색이 없었다. 성전산 사원이
얼마나 예민한지를 수차례 들어온 나는 이곳을 잘못 건드리면
3차 대전이 발발할 거라는 생각을 늘 해왔다. 이날 이 사건에
대해 함께 이야기한 친구들도 이스라엘이 원래 그렇다며 손을
휘젓기만 했다. 이런 일을 하도 많이 겪어서 별로 느낌이 오지
않는 것만 같았다. 이스라엘 뉴스를 찾아보니 아랍인들이
성전산 사원에서 돌을 던져 사원이 폐쇄되었다는 기사만 올라와
있었다. 팔레스타인 뉴스를 찾아보니 이스라엘 당국이 성전산을
점거하고 무슬림의 출입을 제한했다는 기사들이 올라와 있었다.
이 뉴스들은 모두 담담한 어조로 사건을 기술하고 있었다.

2013년 9월에는 헤브론에서 이스라엘 병사 두 명이 살해되었다. 이 중 한 명은 납치·살해되었고, 다른 한 명은 저격으로 숨졌다. 이로 인해 헤브론의 집들을 대상으로 대대적인 수색 작업이 시작되었고, 수색이 헤브론을 휩쓰는 동안 헤브론으로 이어지는 도로는 대부분 폐쇄되었다. 나는 헤브론에서 통학하는 친구들이 걱정돼서 "도로가 폐쇄됐다는데 학교는 어떻게 무사히 왔어?", "거기 상황은 괜찮아?"라는 질문을 걱정에 젖은 표정으로 던졌다. 하지만 친구들은 담담하게 헤브론 도로 일부만 폐쇄되어서 문제 없었다며 어깨를 으쓱했다. 헤브론에서 통학하는 라그다 토만^{Raghda Toman}은 병사가 살해된 날 이스라엘 군인들이 집에 들이닥쳐서 가택을 수색하고 의심 가는 청년들을 대규모로 잡아갔다고 국어책 읽듯이 설명해 주었다. 그녀의 안색은 어두웠지만 말투는 담담하기 그지없었다. 마지막에 "끔찍했지"라고 말할 때 어조가 조금 바뀐 것이 전부였다. 내가 예상한 반응이 전혀 아니었다. 이런 일을 너무 많이 겪어서 이제는 별다른 감정이 솟아오르지 않는 것만 같았다.

물론 모든 사람들이 그렇게 담담한 것은 아니다. 다소 격앙된 어조로 점령하의 설움을 이야기하는 사람들도 쉽게 만날 수 있었다. 하지만 담담하게 별 반응 없이 현실에 반응하는 사람들이 혼재한다는 사실이 나에게는 뜻밖이었다. 이런 무감각은 작은 데서도 보였다. 베들레헴 거리를 걷다 보면 택시 기사가 호객행위를 하며 장벽에 데려다 주겠다고 말하는 경우가 있다. 장벽을 보고 싶냐는 말에 나는 귀를 의심했다. 이곳 사람들에게는 원수 같은 장벽이 아니었나? 물론 방문객에게는 베들레헴에서 꼭 보아야 할 관광지 중 하나일지도 모르지만 장벽의 피해자가 된 이 사람들이 장벽에 데려다 준다는 말을 그렇게 쉽게 한다는 건 유쾌하지 않았다. '이왕 이렇게 된 거, 돈벌이 수단으로나 쓰자'라는 심정일까?

팔레스타인에서 통용되는 지폐에는 팔레스타인 사람들의 땅을 앗아 간 정치인의 초상화가 버젓이 실려 있다. 가장 흔히 통용되는 지폐 20세켈에는 모셰 샤레트 Moshe Sharett가 그려져 있다. 최대 유대인 단체인 JAFI Jewish Agency for Israel의 대표를 지냈던 인물이다. 100세켈, 200세켈에는 이스라엘의 2대, 3대 대통령 얼굴도 있다. 그러나 현지인들은 전혀 신경 쓰지 않는다. 세켈은 자신의 삶을 지탱해 주는 생명줄일 뿐이다. 지폐에 누가 새겨져 있는지는 중요하지 않다.

신입생 환영회, 정치

이곳 사람들을 한데 묶어 주는 중요한 끈은 해방에의 열망이다.
정치적인 내용, 특히 팔레스타인 해방에 대한 내용은 사람들을
어김없이 하나로 만들곤 한다. 해방을 향한 열망을 불태울
때마다 사람들은 하나가 되었다. 우리 학교의 신입생 환영회도
정치 조직에서 주관했는데, 이 자리가 신입생 환영회인지, 정치
집회인지 헷갈릴 정도로 뜨거운 자리였다.

첫 번째 신입생 환영회는 파타당이 주관했다. 나는 첫 연설부터
놀랐다. 파타당 당원들이 기조연설에서 와파 이드리스[Wafa Idris]를
추모했기 때문이다. 이 여인은 2002년 예루살렘에서 자살폭탄
테러로 100여 명을 다치게 한, 서방 세계가 테러리스트라고
부르는 사람이었다. 옆에 앉은 친구는 이어서 "이 여인은

모든 팔레스타인인이 아직도 기억하고 있어"라고 덧붙였다.
팔레스타인 최초의 여성 '순교자'라는 이유에서였을까?

이 추모 연설 뒤에는 신입생 환영 연설, 교육의 소중함에 대한
연설이 이어졌다. 그리고 어김없이 팔레스타인 땅의 해방에
관한 연설이 이어졌다. 흑백 얼룩무늬 스카프kaffiyeh를 두른 이
사람들은 아랫배에서부터 끌어올린 듯한 쩌렁쩌렁한 목소리로
대강당을 울렸다. 독립투사다운, 자신감과 열정에 가득 찬
목소리였다. 몇 차례의 연설 후 이어진 댄스 공연도 범상치
않았다. 자유를 주제로 한 노래와 춤이었는데, 안무가들은 손이
묶인 듯한 동작과 방황하는 안무를 했다. 이후 조금 신나는
공연이 이어지기는 했지만, 나는 이미 놀란 후여서 눈에 잘
들어오지 않았다. 이 사람들이 품고 살아가는 응어리를 이날
한 조각 더 맛본 기분이었다. 나는 생각했다. 이곳은 지내면
지낼수록 안타까운 모습들을 발견해 나가는 곳이라고. 학교에서
초롱초롱한 눈으로 수업을 듣는 학생들이 이렇게 환호하는
모습을 보자 나는 얼떨떨해졌다. 끝나고 대강당을 나오며
즐거운 시간 보냈냐고 물어보는 친구 로잔 제라쉬RossAhn Jerashi의
질문에 나는 말을 더듬어야 했다.

팔레스타인인민해방전선PFLP이 주관한 두 번째 환영회도
예외가 아니었다. 지난번 파타당 행사를 흑백 얼룩무늬
스카프가 수놓았다면, 이번에는 적백 스카프가 사람들의
목을 수놓았다. 3년 동안 이스라엘 감옥에 투옥되었다가

석방된 해방 운동가를 초청해 선물을 주고 축하하는 것으로
신입생 환영회가 시작되었다. 초청된 가수 카셈 알 나자르^{Qasem}
^{Al-Najar}는 팔레스타인의 정체성과 자유, 점령에의 현실을 노래해
환호를 받았다. 중간중간에 사람들은 PFLP의 구호를 아랍어로
외쳐 댔고, 강당은 쩌렁쩌렁한 구호로 후끈 달아올랐다.
사람들은 즐거운 표정으로, 혹은 진지한 표정으로 박수를 치며
달아오르는 분위기에 몸을 맡겼다.

이런 행사와 집회가 이곳 사람들에게는 자유에 대한 열망을
표출하는 기회이자 점령하의 설움을 달래는 통로가 되는 것
같다. PFLP는 다른 팔레스타인 단체보다 사회주의적이고
마르크스-레닌주의의 영향을 많이 받은 정당조직이다. 그래서
PFLP는 혁명을 통한 해방을 추구한다.[40] 아랍 민족주의 색채가
짙은 이 정당은 이스라엘에 대해 강경한 시각을 고수하며,
이스라엘을 몰아내고 중동에서의 서구 지배를 막고자 한다.
PFLP는 자신의 지도자를 표적 살해한 데 대한 보복으로,
2001년에 극우 이스라엘 관광부 장관인 레하밤 지비^{Rehavam Ze'evi}를
살해한 단체로도 유명하다. 비교적 강경한 단체여서 그런지
붉은 색을 배경으로 총을 든 '투사'를 묘사한 포스터가 캠퍼스
여기저기 붙기도 했다(학교 측의 항의 때문인지 다음 날 포스터의 총
부분을 노란 테이프로 가렸다).
나는 무장단체를 거느린 정치 조직이 학교에 오는 게 찜찜했다.
하지만 이 단체가 주관한 자리에 환호하며 참여하는 학교
사람들을 보면서 이런 자리가 의미 있으려나 했던 것도

PFLP가 주관한 신입생 환영회. 중간중간 시끄러운 음악이 나오면서 사회자가 PFLP의 구호를 외쳤고, 그때마다 사람들은 자리에서 일어나 뜨거운 박수와 구호로 화답했다. 평소에 사진 찍히는 걸 수줍어하던 여학생들도 이번만큼은 전혀 개의치 않는 분위기였다.

사실이다. PFLP는 학기 말에 한 번 더 캠퍼스를 방문했다. 두 번째 자리에서는 학교 광장에서 연설을 하고 음악에 맞춰 박수를 쳤다. 두 시간 동안 계속된 이 자리에 캠퍼스는 내내 시끌벅적했다. 지난번처럼 사람들은 자신감에 찬, 행복한 표정으로 박수를 치며 음악에 몸을 실었다. 중간중간 이어진 연설도 지난번처럼 캠퍼스를 달구곤 했다.

캠퍼스에서 멀리 떨어진 러시아 센터에서도 비슷한 경험을 했다. 이곳에서는 문화 행사가 종종 열리는데, 내가 간 날에는 독서를 장려하는 취지의 행사가 열렸다. 대강당을 꽉꽉 채운 사람들을 보며, 나는 독서와 관련된 연설이나 가벼운 공연을 기대했지만 예상은 보기 좋게 빗나갔다. 총 여섯 순서 중 웅변이 세 차례나 있었기 때문이었다. 이 연설 중 둘은 팔레스타인의 상황과 이스라엘의 점령을 규탄하는 내용이었다. 특히 마지막으로 연설한 소년은 예루살렘이 자신들의 영원한 수도이며, 예루살렘을 가는 길을 막는 검문소와, 총을 들고 이곳을 가로막고 있는 이스라엘 군인을 규탄해 사람들의 박수 갈채를 여러 번 받았다. 나와 함께 러시아 센터를 찾은 친구들을 비롯한 몇몇 관객들은 자리에서 일어나 함성을 질렀다.

조금 실망한 나는 '이런 거밖에 할 게 없나' 하며 다리를 꼬았지만 다시 생각해 보니 이 사람들에게는 자유에 대한 갈망이 삶의 원동력이자 이들을 연결하는 고리였다. 그만큼 현실이 각박하고, 점령에서 벗어나는 것이 이곳 사람들의 최대

관심사라는 반증이었다. 팔레스타인 전역에서 가장 유명하다는
코미디언 압델파타 엘 이사[Abdelfatah El-Issa] 씨는 이날 여섯 번째
순서에서 성대모사로 사람들을 웃겼다. 이 내용도 조금은
정치적이었는데, 요르단 국왕, 사담 후세인, 알자지라 방송국
회장, 야세르 아라파트, 카다피 등을 성대모사했기 때문이다.
간단한 비트박스로 마무리된 이날 이벤트는 아무리 생각해도
독서 장려와는 관련이 없었다. 대강당 들어가는 길에 잠깐
보았던 책 진열대가 전부였다. 점령 현실과 해방을 향한 염원은
이들을 단결하는 강력한 접착제라는 사실을 재차 확인한
자리였다.

난 민 들

팔레스타인 난민은 어떤 사람들을 가리키는 말일까? 유엔
팔레스타인난민구호기구^{UNRWA}는 팔레스타인 난민을 "1946년
1월부터 1948년 5월까지 일상적인 거주지를 팔레스타인 땅에
두었고, 1948년 충돌로 인해 주택과 생계수단을 모두 잃어버린
사람들"로 정의한다.[41] 팔레스타인 난민은 이스라엘 국가가 생길
무렵인 1947~1949년 사이에 집중적으로 고향을 떠났는데,
75만~90만 명에 달하는 난민이 이 시기에 발생했다.[42]

여기에 1967년 전쟁으로 고향을 떠난 난민들을 포함한다면
오늘날 팔레스타인 전체 인구의 약 3분의 2는 난민이다.[43]
점령지에 있는 팔레스타인 사람들보다 세계 각지에 흩어져 있는
사람들이 훨씬 더 많은 셈이다. 팔레스타인 사람들은 세계에서

가장 큰 난민이다. 당시에는 '전쟁이라도 피하고 보자. 땅 문서도 가지고 있으니, 상황이 진정되면 다시 돌아오자' 하는 심정으로 천막을 치고 난민촌을 이루었지만, 그것이 고향 땅과의 생이별이 되고 말았다. 자신의 땅을 가져간 사람들이 그 위에 국가를 세우고, 다시는 들어가지 못하게 막으며, 이 문제를 논의하는 것조차 제한한다면 어떤 기분일까?

난민의 인구는 자연적으로 증가해 2014년 1월까지 UNRWA에 등록된 팔레스타인 난민만 542만 8,712명에 달한다.[44] 여기에 등록되지 않은 난민과 내부로 추방된 난민까지 합치면 그 숫자는 740만 명까지 치솟는다.[45] 너무 큰 숫자여서 감이 오지 않는다면 2만 6천 명으로 꽉 찬 잠실 야구장을 하나 그린 다음, 이것을 285번 반복하면 된다.

아이다 캠프

난민촌은 현재의 점령지에도 있다. 서안지구에는 19개의 난민촌이, 베들레헴 시에는 3개의 난민촌이 있다. 이 중 베들레헴의 아이다 캠프 Aida Camp는 분리장벽을 마주하고 있다. 약 5,500명의 사람들이 생활하고 있는 아이다 캠프의 입구에는 귀환을 상징하는 거대한 열쇠가 조각되어 있다. 입구 근처에 아이들이 참새처럼 모여 있다가 외국인인 나에게 아랍어로 소리를 지른다. 돈을 달라며 "머니! 머니!", "10세켈!"을 외치는 아이들도 있고, "니하오"를 외치는 아이들도 물론 있다.

아이다 캠프의 첫인상은 조금 뜻밖이었다. 몇몇 낡은 건물을 제외하고는 보통 베들레헴 동네와 다를 게 없어 보였기 때문이다. 1948년에 난민촌이 형성되었을 때 모습은 분명히 아니었다. 당시만 해도 바쁘게 짐을 싼 사람들이 천막을 치고 지냈지만, 오늘날에는 완전한 건물이 들어서 사람 사는 마을의 모습을 갖추고 있다. 사실 1969년 즈음에 난민들이 콘크리트를 이용해 집을 올리고 하수시설과 전기 시설을 직접 시공했다.[46] 그래서인지 경제 사정에 따라 집 모양도 제각각이다.

물론 경제 상황은 보이는 것과 다르다. 1993년 오슬로 협정 이후로 수입은 변하지 않은 채 집값과 땅값이 10배 이상으로 뛰었고, 물가도 크게 올라 생활고는 가중되었다. 게다가 난민촌 사람들은 가게를 운영할 만한 건물이나 농경지로 쓸 만한 땅도 없어서 다른 팔레스타인 지역보다 열악한 환경에서 생활한다. 팔레스타인 영토 내의(서안지구, 가자지구) 난민 중 30.5%는 절대 빈곤층에 속한다(UNRWA).[47]
인프라도 열악한 편이다. 물은 2주에 한 번, 단 이틀 동안 이스라엘로부터 공급받고, 수도 시설도 1977년에 지어진 시설이라 매우 낡았다. 물 부족에 대처하기 위해 물탱크를 옥상에 설치하기도 하는데, 무게가 너무 무거워 대충 쌓아 올린 집에 무리가 가 위험하기도 하다. 아이다 캠프 난민들의 삶을 설명하는 UNRWA 직원 이브라힘 이사[Ibrahim Issa] 씨의 표정은 시종일관 진지했다. 아이다 캠프에서 태어나 자랐다는 이브라힘 씨는 언제라도 자신의 진짜 고향에 돌아가고 싶다는 이야기를

빼놓지 않았다. 이스라엘의 점령을 이야기할 때는 그의 말도
조금 빨라졌다. 팔레스타인 정부가 자치권과 안보권을 행사하는
A지역에도 이스라엘 군인이 아무렇지도 않게 들어오고, 아이다
캠프에 들어와서 사람들을 취조하기 위해 데려가기도 한다고.
물론 유대인 정착민의 산발적인 공격으로부터도 자유롭지
못하다.

이런 현실에도 불구하고 난민촌 사람들은 활기가 넘친다.
아이들은 카메라를 들고 있는 나에게 "픽쳐! 픽쳐!"를 외쳐
댔고, 그 옆에서는 다른 무리가 "노 픽쳐! 노 픽쳐!"를 외치며 내
정신을 쏙 빼놓곤 했다. 대부분의 아이들은 돈을 달라고 한다.
"원 달러", "원 세켈"은 이 아이들이 가장 잘 구사하는 영어이다.
원하는 액수의 돈을 주지 않고 가던 길을 가면 폭력적으로
돌변해 나에게 돌을 던지기도 했다. 나는 서운해할 새도 없이,
소리 없이 날아오는 돌을 피해 도망쳐야 했다. 아이다 캠프 옆의
분리장벽 때문일까 아니면 난민이라는 설움 때문일까. 이곳
아이들은 다른 팔레스타인 아이들보다 공격적이었다.

아이다 캠프의 입구에는 라지 센터Lajee Center가 자리잡고 있다.
12년 전에 설립되어 어린이를 위한 활동과 다문화 행사를
조직하고, 신문에 글을 투고하는 활동을 해왔다. 내가 찾아간
날에는 유치원생 아이들이 색칠 공부를 하고 동화책을 읽고
있었다. 처음 교실에 들어섰을 때 맡은 야릇한 책 냄새와 색연필
냄새는 바깥의 회색 분리장벽을 잠시나마 잊게 해주었다.

어렸을 적 다니던 유치원이 생각나서인지 금방 마음이
따스해졌다. 아이들이 맘놓고 배울 수 있는 공간이 이들에게는
얼마나 큰 위안일까? 그나저나 이 아이들은 점령하의 현실을
알고 있을까? 복잡한 감정으로 자신들을 바라보는 나를 아는지
모르는지 아이들은 그저 수줍어했다.

라지 센터의 대표 살라 아자르마Salah Ajarma 씨는 '귀환권The right to
return'과 '정의Justice'를 믿는다며 자신이 운영하는 센터의 철학을
요약해 주었다. 이를 보여 주듯 벽에는 난민의 귀환권을 명시한
유엔 결의안 194조가 벽에 걸려 있었다. 나가는 길에도 문에

라지 센터에서 색칠공부를 하는 아이들. 가운데 있
는 아이와 눈을 마주친 나는 잠시 행복한 미소를 지
었다. 그러나 이 아이들이 앞으로 어떻게 자라날지를
생각하자 눈앞이 캄캄해졌다.

붙어 있는 야심찬 글귀를 보았다. "귀환은 우리의 권리이자
운명이다 Return is our right and destiny".

189
베들레헴은 지금

난민촌 학교 풍경

반면 아이다 난민촌 남자 기초학교 Aida Basic Boys School 는 정신이 없을
정도로 활기가 넘쳤다. 학교에 처음 들어서자 유치원에서나
날 법한 달콤한 사탕 냄새가 진동했다. 낡은 건물이었지만
아이들은 하나같이 에너지가 넘쳤고, 외국인인 내가 신기하다는
듯 다들 뚫어지게 쳐다보았다. 카메라를 본 아이들은 앞다투어
카메라 앞에서 포즈를 잡았고, 나는 그 자리에서만 셔터를 수십
번 눌렀다. 한 아이는 가운데 손가락을 내밀고 포즈를 잡았다.
나는 이게 무슨 뜻인지 잘 몰랐기를 바라며 떨떠름한 표정으로
셔터를 눌렀다.
총 370여 명의 학생이 유엔 팔레스타인난민구호기구 UNRWA 에서
운영하는 이 학교에서 초/중학교 과정을 공부한다. 학교
학생들은 전원 난민촌 출신이다. 교과서, 교사 월급, 교육 사업은
모두 유엔에서 조달하고, 일부는 외부 자선단체에서 조달한다.

아이들 가르치는 일이 어떠냐는 첫 질문에 고개를 저으며
"남자애들이라서 항상 움직이고 떠들고 뛰어다니죠"라며 손을
휘저은 아흐마드 스와일렘 Ahmad Swailem 씨는 베들레헴 대학교를
졸업했다. 아흐마드 씨는 아이들이 미래에 돈을 많이 벌고 더

나은 삶을 살고 싶어 하기 때문에 나쁜 상황에도 불구하고 교육에 대한 높은 열정을 보인다고 귀뜸해 주었다. 그래서 이 학교의 과정이 끝나면 앞다투어 고등학교로 진학한다고. 방과 후에 학생들이 일을 하냐고 물어보니, 그렇지는 않고 대부분 귀가해서 친구들과 놀거나 집에서 공부를 한다고 말해주었다. 아흐마드 씨는 창밖으로 보이는 분리장벽을 가리키며 "벽 너머로 돌을 던지며 놀기도 하죠"라며 허탈하게 웃었다. 안타깝게도 학교에는 식당이 없었다. 수업이 끝날 때까지 아이들은 교내 매점에서 사먹는 간식으로 점심을 때운다. 그래도 아이들은 하나같이 활기가 넘쳤다.

아이들이 나를 창고로 떠밀더니 별안간 구석으로 몰고는 책상을 밀어서 포위해 놓고 문을 잠갔다. 어쩔 줄 모르고 서 있는 나를 보며 아이들은 박장대소했고, 몇몇 아이들은 쓰레기를 던지며 소리를 질러 댔다.

나는 중간에 한 무리에 떠밀려 창고에 들어갔다. 아이들은
나를 구석에 몰고 문을 잠그고는 소리를 지르며 쓰레기와
종이 조각을 던져 댔다. 나는 평정심을 유지하려고 했지만 이
때만큼은 겁이 났다. 묵직한 물건을 던지는 건 아닌가 가슴을
졸였다. 아이들은 학교 교문까지 벌 떼처럼 나를 따라 쫓아왔고,
나는 경비 아저씨의 도움으로 가까스로 교문을 빠져나왔다.
교문을 나서서 정신을 가다듬을 때까지 아이들의 함성 소리는
학교 담장을 넘어 계속 이어졌다.

아이들이 방과 후에 장벽 너머로 돌을 던지며 논다는 교사
아흐마드 씨의 말은 사실이었다. 학교가 끝날 무렵에는
팔레스타인 경찰들이 먼저 나와 아이들이 이스라엘 군인과
제일 자주 충돌하는 길을 막아 선다. 아이들이 학교에서 쏟아져
나오면서 난민촌은 금방 시끌벅적해졌다. 장벽 주변에서
아이들이 팔레스타인 경찰과 다투기 때문이다. 아이들은
경찰들에게 물건을 던지면서 아랍어로 소리를 질렀다. 기계
부품이 땅에 떨어지면서 쨍그랑 소리가 찢어지게 울렸을 때는
내가 다 조마조마해졌다. 다행히 팔레스타인 경찰들이 함부로
아이들을 때리지는 않았다. 하지만 수십 명의 아이들이 떼로
달려드는 것이 벅찼는지 고래고래 소리를 지르며 아이들을
나무랐다.
카메라로 사진을 찍자 아이들은 생색을 내며 방향을 틀어
나에게 달려들었다. 흥분한 아이들이 아랍어를 외치며 나를
포위하자 가슴이 덜컥했다. 돈을 달라며 내 가방을 뒤지려고

하는 아이들부터 미안하다며 아이들을 말리려는 아이들까지,
나는 '잘못 걸렸구나' 하는 생각만 들었다. 결국 나는
아이들에게 떠밀려 현장을 빠져 나와야 했다. 조금 서운했지만,
멀리서 이 현장을 지켜볼 수밖에 없었다.

아이들은 계속 구호를 외치며 경찰들에게 달려들었고, 밀고
밀리는 작은 '시위'는 계속되었다. 난민촌 아이들에게 이
생활은 일상이었다. 공격적인 아이들에게 놀라 서운했지만,
한편으로는 이 아이들이 자라서 어떤 청년으로 성장할까 하는
상상을 하니 눈앞이 어두워지는 것만 같았다. 스카프를 얼굴에
두르고 이스라엘 군인에게 돌을 던지는 청년들이 떠올랐기
때문이다. 실제로 많은 팔레스타인 난민들은 '우리가 지난 수십
년 동안 당한 것에 비하면 우리가 이스라엘에 테러를 가하는
건 아무것도 아니다'라는 피해의식에 사로잡혀 살아간다.[48]
그래서인지 팔레스타인 무장단체/테러리스트 단체가 회원을
모집할 때도 난민촌을 주로 겨냥한다. 가슴 아프지만, 악이 악을
낳았다는 사실만 다시 보여 주는 대목이다. 이스라엘의 건국
과정에서 쏟아진 피에서 두 민족 모두 자유롭지 못하다.

실제로 아이다 캠프는 베들레헴의 난민촌 중 가장 격렬한
난민촌이다. 분리장벽 옆에 위치해 있을 뿐 아니라 이스라엘이
실질적으로 통치하는 C지역에 걸쳐 있어 이스라엘 군인과의
충돌이 자주 발생하기 때문이다. 2013년 11월에 헤브론에서
3명의 팔레스타인 무장 투사가 살해당했을 때도, 매년 돌아오는

난민촌 학교의 수업이 끝나면 이렇게 아이들이 몰려든다. 마을
의 젊은 사람들도 한두 명씩 여기에 가세하고, 시간에 맞춰 팔
레스타인 경찰들이 사람들 앞을 막아선다. 이스라엘 군인이 나
타나면 어떤 일이 벌어질지는 불 보듯 뻔한 상황이었다. 저 멀리
서는 마을 청년들이 일부러 쓰레기를 태우고 있었다. 다행히 이
날 이스라엘 군인들은 나타나지 않았다.

아라파트의 사망일에도 아이다 캠프에서는 거의 매일 시위가
발생했다. 사실 주요한 사건이 일어날 때마다 이곳은 격렬한
시위 현장이 되곤 한다. 물론 청년들까지 시위에 가세했다.
나는 이곳 시위에서 한 팔레스타인 청년이 양 다리에 총알이
관통하는 부상을 입었다는 소식을 듣고 한숨을 내쉬었다.
난민촌 사람들의 주 무기는 돌이었다. 이 사람들은 무장한
상태가 아니었다. 대부분의 사람들은 한창 피 끓는 나이의
젊은이였는데 세계은행의 자료에 따르면 2000년 9월부터 8년
동안의 팔레스타인 부상자 중 75%가 10살에서 29살 사이였다.[49]

팔레스타인난민구호기구[UNRWA]의 보고에 의하면 2013년 첫
9개월 동안 서안지구에서 이스라엘 군과 대치하면서 부상당한
사람들만 3,240명에 달한다.[50] 하루 평균 9명의 부상자가
발생하는 셈이다. 베들레헴에서 차로 30분 거리에 있는

헤브론에서는 난민을 비롯한 팔레스타인 사람들이 매주 금요일에 돌을 던지며 시위를 벌이고. 시내는 전쟁터를 방불케 한다. 이 사람들은 돌이 저 군인들의 총과 비교할 수 없을 정도로 약하다는 걸 알고 있지 않을까? 그래도 계속 돌을 던지며 투쟁해야 하는 걸까? 그것이 이스라엘에게 굴하지 않고 자신의 의지를 보여 주는, '살아 있기 위한' 수단일까? 저 군인들은 돌을 던지는 저 사람들에게 군이 총과 최루탄을 쏘아야만 했나? 나는 이런 어두운 광경을 보며 밀려오는 복잡한 감정을 주체할 수가 없었다. 한창 피가 끓을 나이에 이스라엘 군인에게 돌을 던지는 흥분한 아이들을 보면서, 이들이 이스라엘과 유대인에 대한 적대감을 키우며 자라나는 것만 같아 얼굴을 펼 수 없었다. 사실 그것이 베들레헴, 그리고 팔레스타인에서 상상할 수 있는 제일 끔찍한 일 중 하나였다. 내가 '폭력의 악순환'이라고 불렀던 고리 중 가장 중요한 고리가 바로 여기서 만들어지고 있었다. 하지만 무작정 이런 일을 멈추라고 강제할 수도 없는 일이다. 이런 생활은 이제 현지인들의 일상이자, 살아 있기 위한 하나의 수단이 되어 있었다.

누구 책임인가?

사실 팔레스타인 난민들이 고향을 떠나게 만든 원인에 대해서는 의견이 분분하다. 여러 가지 원인이 복합적으로 작용했지만, 유대인 무장단체의 공격과 아랍 군대의 침략이 큰 역할을 했음에는 논쟁의 여지가 없다.

1947년 무렵부터 급진적인 시오니스트 운동과 더불어 하가나,
이르군 등의 유대인 무장단체의 조직적인 공격과 위협이
심화되었다. 1948년 3월 전까지는 토착민에 대한 보복 공격을
내걸었지만, 그 후에는 '플랜^{DDalet}'에 의한 조직적인 추방을
천명했다.[51] 이 공격은 미래의 유대 국가에서 최대한 많은
토착민을 몰아내기 위한 계획적인 행위였다고 지적된다.[52]
토착민의 성향과 마을의 '위험성'까지 기록한 정밀한 인구
지도를 바탕으로 이루어진 이 공격에 토착민들은 위협을
느꼈고, 결국 빠르게 고향을 떠났다. 당시 유대인 무장단체는
유엔이 1947년에 할당한 유대 국가의 아랍인을 비우기 위한
공격을 병행했고 병원, 학교, 모스크, 교회, 은행을 비롯한
모든 시설들을 비우고 파괴했다. 이 중 1947년과 1949년
사이에 비유대인을 몰아내기 위해 자행된 학살만 33건에
달한다는 기록이 있다.[53] 특히 하가나는 영국의 위임통치하에서
영국군의 지원과 훈련을 받았고, 대원 중에는 2차 대전에서
싸운 경험이 있는 베테랑도 다수 있었다.[54] 제대로 된 무기 하나
없고 수적으로도 비교가 되지 않을 정도로 적었던 팔레스타인
토착민 세력은 힘없이 물러나야 했다. 이는 이스라엘이 건국된
후인 1950년대에도 지속되었다.

여기에 아랍 군대의 역할도 지적되는데, 1948년에 이스라엘을
상대로 선제공격을 개시했기 때문이다. 이 전쟁이 발발하면서
팔레스타인 사람들은 더욱 빠르게 시리아, 요르단, 레바논,

이라크 등 주변 아랍 국가와 서구로 피난했다. 논쟁의 여지가
있긴 하지만, 아랍 군대가 전쟁의 원활한 수행을 위해 팔레스타인
토착민에게 떠나라고 권고했다는 주장도 제기되어 왔다.
팔레스타인에 주둔하던 아랍 군대와 현지 지도자들도 전쟁
전 토착민의 이주에 일조했다. 이들이 유대인과의 충돌을
심화함으로써 위협을 느낀 토착민들이 떠나갔기 때문이다.
특히 아랍고등위원회Arab Higher Committee는 토착민들에게 물러나라고
경고했다가 사태가 심각해지자 나중에 이들을 붙잡으려 했지만
이미 때는 늦었다.[55]
일각에서는 당시 쫓겨난 토착민들 중 상당수가 수천 년 동안
살아온 토착민이 아니라, 유대인의 '지역 활성화' 효과로

아이다 캠프의 입구. 이곳을 방문할 때마다 왼쪽에 무리 지어
앉아 있는 청년들은 아랍어로 나에게 소리를 질렀다. 나는 성난
아이들이 돌을 던지지는 않을까 하는 마음에 조심스럽게 인사
를 하며 아이다 캠프에 들어가곤 했다. 입구는 열쇠 구멍을 형
상화한 모습이며 고향으로의 귀환을 상징하는 거대한 열쇠 모
양 조형물이 얹혀 있다. 이 열쇠는 2012년에 독일까지 가서 베
를린 비엔날레에 전시되었다.

1900년대 초반에 팔레스타인으로 이주해 온 아랍인이라고
말하기도 한다. 이것이 사실이라 해도, 당시의 강제적인 추방을
옹호하는 논리로 비약할 수는 없는 일이다. 어떤 논리로도
정당하게 정착한 사람들을 몰아내는 것은 정당화할 수 없기
때문이다.

1967년 6일 전쟁 당시에는 약 32만 명의 팔레스타인 사람들이
추가로 고향을 떠났다.[56] 아랍 국가에서도 난민들은 국제 정세에
따라 이동해야 했는데, 1991년 걸프전 때만 무려 35만 명이
쿠웨이트, 이라크, 사우디 등지에서 추방되어 요르단, 서안지구,
가자지구 등에 다시 정착해야 했다.[57] 특히 팔레스타인 난민 중
30%가 넘는 토착민이 요르단으로 피난을 갔고, 그 결과 요르단
인구의 절반 이상은 팔레스타인 사람이 되었다. 요르단의
수도 암만에 있을 때 묵었던 호스텔 주인 앤드류 씨도 알고
보니 팔레스타인 난민이었다. 그는 "한때 자기 땅이었다며
당신 집에서 나가라고 한다면 어떤 기분일까요?"라고 물으며
담배 연기를 연신 내뿜었다. 내가 한국에서 왔다고 하자,
팔레스타인 민족에게 일어난 일이 한국 땅에 일어났다면 어떻게
반응하겠느냐고도 질문했다.

같은 이슬람 신앙을 공유하는 아랍 국가라고 해서 팔레스타인
난민들이 무사히 정착한 건 아니다. 아랍 국가들은 이 사람들을
받아들일 경우 자신의 국가에 완전히 정착해 돌아가지 않을
것을 우려했고, 이 사람들을 적극적으로 흡수하려 하지

않았다.[58] 그 결과 아랍 사회에서 제대로 된 대우를 받지도 못했고, 유엔 팔레스타인난민구호기구에 의존하여 난민촌에 모여 살아가야 했다. 대부분의 아랍 국가들은 자신의 땅에 정착한 난민들을 정권에 위협이 될 존재라고 여겨 의심의 눈초리로 대하며 차별대우했다.[59] 요르단, 레바논 등지에서는 학살의 소용돌이에 휘말리기도 했고, 2007년에도 북 레바논의 난민들은 수난을 겪어야 했다. 오늘날에도 요르단을 제외한 아랍 국가에서는 팔레스타인 난민들이 시민권과 여권 없이 살아가고 있다.[60] 친 이스라엘 진영에서는 아랍 국가들이 팔레스타인 난민을 흡수하지 않는 이유가 "이스라엘을 악마화 하기 위한" 정치적인 발톱이라고 주장한다.[61] 이 사람들은 아랍 국가들이 이 수백만 난민들을 이스라엘 땅에 되돌려 보냄으로써 유대 국가로서의 이스라엘을 파괴하려 한다고 말한다. 이렇게 난민 문제를 바라보는 관점은 극과 극이다.

한편 이스라엘은 난민들이 떠난 땅을 차지했다. 이들 땅은 1950년에 제정된 부재자 재산법Absentee Property Law에 의해 이스라엘에 귀속되었다.[62] 이 법에 따르면, 1947년 11월 말부터 1948년 5월 19일 사이에 이스라엘 영토 밖에 하루라도 나간 사람들의 땅은 부재자의 땅으로 규정되었고, 모두 이스라엘에 몰수되었다.[63] 1948년 5월에는 이주 위원회Transfer Committee가 조직되어 난민의 귀환을 막을 방법을 논의했고, 그해 6월에는 팔레스타인 난민의 귀환을 금지하는 정책까지 선포되었다.[64]

하지만 난민들은 귀환을 꿈꾸며 난민촌에서의 삶을 영위해왔다. 서안지구, 가자지구에 살고 있는 난민들은 이스라엘의 소유로 넘어간 땅을 그리며 아직도 귀환을 꿈꾸고 있다. 물론 카타르나 사우디 등지에 잘 정착해 부자가 된 난민들도 있다. 이 사람들이 고향으로의 귀환을 원할 가능성은 낮다. 하지만 1948년의 유엔 총회 결의안 194(III) 상으로는 이들 난민 모두 귀환권을 가지고 있고, 귀환을 원하지 않더라도 이스라엘 정부가 보상을 해야 한다.[65] 굳이 유엔의 결의안을 들먹이지 않아도 귀환권과 보상은 누구나 상식 선에서 이해하고 동의할 수 있는 사안이다.

하지만 이스라엘 정부에게 있어서 난민 문제는 외면하고 싶은 문제다. 수백만 명에 달하는 난민 중 일부만이라도 이스라엘로 귀환한다면 '유대' 국가로서의 이스라엘은 휘청거릴 수밖에 없기 때문이다. 이미 20%가 조금 넘는 팔레스타인 인구를 품고 있는 이스라엘에게 난민의 귀환 문제는 예민한 사안이다. 이들 난민이 원래 땅으로 돌아갈 때 흔들릴 인구 구조는 이미 이스라엘 정치인들의 머리를 아프게 한다. 그래서 이 문제는 이스라엘 사회에서는 금기시되었고 대중도, 학계도, 매체도 거의 다루지 않는다.[66] 2008년 반기문 유엔 사무총장이 이스라엘 건국일을 의미하는 팔레스타인 단어 '알 나크바(재앙)'라는 단어를 사용했을 때 이스라엘은 공식적으로 항의했고, 이후 이스라엘 외무부 장관은 "팔레스타인 사람들이 평화를 원한다면 알 나크바라는 단어를 어휘에서 삭제해야 할 것"이라는 발언까지 해 논란을 빚었다.[67] 이스라엘에게는 그만큼 난민 문제가 두려운

대상이지만, 유대인의 트라우마인 홀로코스트를 활발하게
논의하면서 다른 민족의 트라우마를 꺼내는 것조차 허용하지
않는 건 분명 불공평하다.

난민 문제에 관해

앞에서 다루었듯이 팔레스타인 난민 문제에 있어서는 주변
아랍 국가들도 절대 책임을 피할 수는 없다. 1948년에 신생
유대 국가를 인정하지 않고 이스라엘을 침략한 행위부터, 이
과정에서 발생한 팔레스타인 난민들의 정착을 적극적으로
도와주지 않고 격리시킨 행위까지. 아랍 국가들이 이스라엘
건국 직후 이스라엘을 침략한 것도 팔레스타인 토착민의
자주권을 위해서가 아니라, 유엔이 당시 할당했던 아랍 국가의
영토를 흡수하고자 하는 욕망에서였다. 실제로 요르단은 이
전쟁 직후 현재의 서안지구를 19년 동안 병합했고, 이집트는
가자지구를 차지했었다.

같은 맥락에서, `이스라엘 측은 아랍 국가들이 난민 문제에
대한 전적인 책임을 져야 한다고 주장한다.[68] 아랍 국가들이
1948년에 이스라엘을 공격해 전쟁을 일으키지 않았더라면
이들 난민은 발생하지 않았을 것이며, 신생 국가 이스라엘을
인정하지 않고 파괴하려는 아랍 국가들의 공격이 오늘날의 난민
문제를 낳았다는 것이다.[69] 또한 팔레스타인 토착민들은 당시
자발적으로, 혹은 지도자의 권유에 의해 떠났다고도 한다.[70]

이스라엘은 아랍 국가에서 도망쳐 나온 60여 만 명의
'유대인' 난민을 지적한다. 이스라엘 건국이 가까워지면서
이라크, 리비아, 사우디아라비아 등지에서 대대로 살아온
유대인을 겨냥한 학살과 탄압이 빠르게 증가했기 때문이다.
이 유대인들이 이스라엘에 무사히 정착한 반면 아랍 국가로
피신한 팔레스타인 난민들은 그렇지 못했을 뿐이라는 것이
정부의 입장이다.[71] 하지만 당시 유대인은 피신할 만한 목적지
이스라엘을 두고 있었고, 팔레스타인 토착민은 그렇지 못했기
때문에 두 민족의 난민을 비교하는 것은 별로 공정하지 않아
보인다. 게다가 이스라엘 건국 당시 시오니스트 운동가들은
유대 국가 건설을 위하여 온힘을 다해 아랍 국가와 유럽의
유대인들을 팔레스타인 땅으로 불러 모았다.

이스라엘은 유엔에 가입하는 조건으로, 난민의 귀환권을
명시한 유엔 총회 결의안 194조와, 토착민의 추방^{transfer}을 금지한
유엔 총회 결의안 181조를 받아들인 바 있다.[72] 물론 어떤 것도
지켜지지 않았다.

난민 문제는 오늘날에도 협상의 최대 난제 중 하나다. 2001년
타바 협상 이후로 난민에게 주어질 5가지 선택[73]이 논의되어
왔지만, 이스라엘은 여전히 난민 개인의 귀환권을 인정하지
않고 있다. 유대 국가로서의 정체성을 유지하기 위함이지만,
아직도 고향집 열쇠와 땅 문서를 품고 살아가는 난민들에게
있어서는 피눈물 나는 일이다. 게다가 문제의 복잡성으로 인해
난민 문제는 주요 협상에서 늘 '추후 논의' 사항으로 밀려났고,
조직적으로 논의에서 제외되어 왔다. 난민의 귀환권을 명시한

유엔 총회 결의안 194조도 오슬로, 캠프 데이비드, 타바 로드맵 등의 주요 협상의 토대에서 제외되었고, 그 결과 난민의 권리 또한 모호하게 논의되었다.[74] 이들 난민들은 현재의 터전에서 별다른 소속감을 느끼지 못하며 고향 없는 사람들로 자신을 간주한다.

사실 팔레스타인 난민들의 원래 고향에는 이미 유대인 공동체와 팔레스타인 주택이 들어섰다. 일부는 이스라엘의 국립공원이 되어 국가의 보호를 받고 있다.

그렇다고 해서 난민의 귀환권이 소멸되는 건 아니다. 세계 인권 선언 13조에도 귀환권은 명시되어 있고[75], 1980년에도 유엔 총회는 팔레스타인 난민의 귀환권과 자주권을 재확인했다.[76] 하지만 이 난민들이 다시 돌아온다면 어디에 어떻게 정착해야 하는 걸까? 이들 난민이 서안지구, 가자지구 그리고 이스라엘에 살고 있는 팔레스타인 사람에게 찾아와 "1948년까지 여긴 우리 땅이었으니 나가 주세요"라고 말하는 것도 이제는 억지스러운 일이 아닐까? 갑자기 머리가 지끈거렸다.

나에게 알라딘 램프가 있다면?

어느 날 베들레헴 대학교 캠퍼스 곳곳에 처음 보는 벽보가 붙었다.

"나에게 알라딘 램프가 있다면 나는_____을 하고 싶다"

다양한 응답이 주렁주렁 달렸다.

"세계 여행을 한다"
"팔레스타인을 해방시킨다"
"닌자가 된다"
"세계 평화를 이룬다"
"미국을 파괴한다"
"집중 과목 코스를 폐강한다"
"아무것도 안 한다. 나는 지금 가지고 있는 걸로 행복하다"
"A를 받는다"
"베들레헴 대학교를 최고의 대학으로 만든다"
"모든 국경을 무너뜨린다"
"팔레스타인의 환경을 개선한다"
"이스라엘을 파괴한다"
"하늘을 만진다"
"다 죽인다"
"영어를 배운다"

알 다 가 도 모 를 일

이상하게도 베들레헴 가게에는 히브리어로 된 이스라엘 물건이
정말 많다. 가격도 터무니없이 비쌌는데, 아이스크림만 해도
이스라엘 제품이 팔레스타인 제품보다 세 배까지 비쌌다. 우리
나라에서 500~700원에 구할 수 있는 크기의 아이스크림이
9세켈(2,700원)까지 하는 바람에 이스라엘 아이스크림은 사 먹을
엄두조차 내지 못했다. 터키, 스위스, 중국 등지에서 상품을
수입해 오지만 모두 이스라엘을 거쳐 오기 때문에 이스라엘,
팔레스타인의 이중 세금이 붙어 가격이 불어난다.

하지만 이들 수입 상품들에 대한 수요는 있다. 현지인들이 싼
팔레스타인 상품을 선호하기는 하지만 모두가 그런 것은 아니다.
선택의 여지가 없어 이스라엘 상품을 구매하기도 하지만,

비싼 이스라엘 상품들을 선호하는 현지인들이 있기 때문이다.
대체 누가 이 비싼 아이스크림을 사 가냐고 대형 마켓에 가서
물으니 "질이 다르잖아요. 팔레스타인 아이스크림은 얼음이고,
이스라엘 아이스크림은 부드러운 크림인걸요"라는 대답이
돌아왔다.

교정기를 했다며 씨익 웃는 동네 여자 아이를 보았을 때도
놀랐다. "임플란트, 임플란트!" 하며 자랑스럽게 이를 보여
주는데 온 치아를 감싼 은색 강철은 분명 교정기였다. 지저분한
옷차림으로 동네에서 뛰놀던 저 아이가 어떻게 그 비싼
교정기를 했을까 하는 생각에 나는 "알다가도 모를 일이다"라며
중얼거렸다.

베들레헴 시내를 걸으며 마주친 깔끔한 주택들도 고개를
갸우뚱하게 했다. 가끔씩은 유대인 정착촌의 주택보다 더
세련되고 넓은 곳도 있었다. 이 빽빽한 베들레헴에서 저렇게
여유로운 주택을 어떻게 지었을까 하니 딱히 떠오르는 생각이
없었다. 이들 집에는 십중팔구 말을 탄 성(聖) 조지가 사탄을
의미하는 용을 창으로 무찌르는 장식이 있었다. 기독교
집안이라는 의미다.

길거리에 앉아 야채를 파는 아저씨가 아이폰을 만지는 모습을
보았을 때, 그리고 등록금을 감당할 수가 없어 학교 관계자가
가정을 방문할 예정이라는 현지인 친구 집에서 프랑스식 가구와

인테리어를 보고 입이 벌어졌을 때도 똑같은 말을 할 수밖에 없었다. 겉모습으로 판단해서는 안 되는 일들이지만, 한국에서 겪었던 상황보다 더 큰 반전이었다. 정말 알다가도 모를 일이다.

예체능 교육?

팔레스타인의 예체능 교육 환경이
열악하다고들 한다.
나는 베들레헴 '대학교' 미술실에서
이 사실을 절감했다.

דרך זו מוביلה לשטח
בשליטת הרשות הפלסטינאית
הכניסה לישראלים אסורה,
מסכנת את חייכם
ומהווה עבירה פלילית

هذه الطريق تؤدي الى منطقة (أ)
التابعة للسلطة الفلسطينية
الدخول للمواطنين الاسرائليين
ممنوعة وخطرة على حياتهم
وتشكل مخالفة جنائية في حقهم

This Road leads To Area "A"
Under The Palestinian Authority
The Entrance For Israeli
Citizens Is Forbidden,
Dangerous To Your Lives
And Is Against The Israeli Law

4

팔레스타인 자치정부가 완전한 통치를 행사하는 'A지역'의 입구. 서안지구 면적의 3%에 불과한 이곳으로 들어갈 때마다 어김없이 이 표지판을 마주친다. 이스라엘인이 이 지역으로 들어가는 것은 위험하며, 이는 이스라엘 법에 저촉된다는 내용이다. 실제로 A지역에는 유대인 정착촌이 단 하나도 없다.

크리스천 시오니즘

시 오 니 즘 은   무 엇 인 가

드디어 서두에서 했던 고민으로 되돌아왔다. 베들레헴에서
지내며 나를 가장 괴롭힌 것은 시오니즘이었다. 시오니즘은
성경적인가? 그리스도인으로서 나는 시오니즘을 어떻게
보아야 하는가? 지금 보는 현실이 부조리해 보여도 하나님의
계획이라면 이 점령을 옹호해야 하는 걸까?

팔레스타인이 뭔데?

이 땅에 오기 전까지만 해도 나는 팔레스타인에 아무 관심이
없었다. 아는 것도 거의 없었다. 팔레스타인 땅에서, 혹은
이스라엘 땅에서 사람이 죽었다는 보도를 어깨 너머로 들은

게 거의 전부였다. 내가 존경하는 어느 선배는 이스라엘이 중동
전쟁을 이기고 독립 국가로 우뚝 선 건 결코 우연이 아니고,
하나님이 아직도 이스라엘 민족을 들어 쓰시는 거라며 눈을
반짝이곤 했다. 다른 학교 선배는 "하마스가 언제 이스라엘에
미사일을 쏠지 모르는 상황입니다. 이스라엘을 위해 기도해
주세요"라는 글을 SNS에 올리곤 했다.

유대인들이 얼마나 대단한 민족인지에 대해 배운 것도 나의
사고 방식을 조작했다. 부모님이 그렇게 읽어 보라고 권하시던
탈무드는 유대인에 대한 동경심을 불러일으켰고, 중학교
시절에는 유대인이라는 단어에 일종의 존경심과 신비감을
느꼈다. 중학교 기술가정 선생님은 유대인이 오늘날 세계 경제,
정치계를 휘어잡고 있다고 말씀하며 그 비결은 어릴 적 달달
외우는 토라일 것이라고 말씀했다.
유대인들에 대한 동정심도 내 마음 한 켠에 늘 자리잡고
있었다. 《안네의 일기》를 읽고 홀로코스트의 공포에 몸을 떨고,
홀로코스트를 다룬 할리우드 영화를 보며 유대인의 역사에
가슴 아파하곤 했다. 사실 1940년대에 가스실에서 세상을
등져야 했던 수백만 유대인, 집시, 성소수자에 대한 기록을
들으며 가슴 아파하지 않을 사람은 아무도 없을 것이다.

이스라엘에 대한 나의 감정은 그렇게 형성되었고, 나는
이스라엘 편이 되었다. 머리가 커지며 내가 이스라엘을 지지하는
이유는 간단해졌다. 유대인은 선택받은 민족이고, 무슬림은

이교도이기 때문이었다. 나의 감정적인 선호에 기반한 지지였다.

이슬람의 신은 우리의 하나님과 완전히 다른 신이고, 유대교의 신은 우리와 같은 하나님이 아닌가! (엄격하게 따지면 누가 더 가깝다고 하기도 조금 애매하다. 적어도 이슬람은 예수를 하늘에서 온 예언자로서 인정하니까.) 게다가 이슬람은 그 악명 높은 9/11 테러를 자행한 종교가 아닌가. 당시 강대국의 손놀림을 이해하지 못했던 나에게 있어 이슬람은 세계 질서를 위협하는 존재였다. 그래서 중동 한가운데서 이슬람 세력을 때려잡고 있는 이스라엘이 대견하게 느껴졌다. 이스라엘 민족은 구약에서 선택받은 민족이고, 선택받은 민족인 이스라엘이 약속의 땅을 되찾았다는 생각에 성경의 역사가 지금도 이어지고 있다며 감탄하곤 했다.

물론 이스라엘이 저지른 실수와 전쟁 범죄에 대해서도 어렴풋이 들어 보았다. 하지만 누가 잘못했느니 잘했느니 하는 잡담은 내 삶과 아무 상관 없는 논의였다. 내 사고가 별로 공정하지 않다는 것을 막연하게 알고 있었지만, 그대로 남아 있는 게 차라리 편했다. 분명 내 편견을 깨부술 주장도 있었겠지만, 나는 더 이상 생각하고 싶지 않았다. 의도적인 무지였다.

분노의 편지

하지만 이 땅에 몸 붙여 살며 내 편견은 산산이 부서졌다.

팔레스타인 땅의 우울한 얼굴들을 발견해 나갔기 때문이다.
특히 처음 분리장벽에 다녀온 날 받았던 충격은 일주일 동안
가시지 않았다. 장벽에 그려진 분노와 원망의 메시지, 시커멓게
그을린 벽이 자꾸 선명하게 떠올랐다. 그 와중에도 외국인인
나를 보고 싱글벙글 쳐다보는 아이들의 얼굴을 떠올리자 더
침울해졌다. 한국에서 팔레스타인이라는 단어를 듣고 "그게
어디야? 나랑 무슨 상관인데?" 하던 날들이 생각나 부끄러웠다.
팔레스타인을 점령하고 있는 이스라엘을 일방적으로 옹호하는
게 그리스도인으로서 바른 일인가 하는 회의가 피어 오르기
시작했다.
이날 나는 새벽 2시 반까지 한국과 미국의 지인들에게 이메일을
돌렸다. "이곳 서안지구에서는 상식 밖의 일들이 참 많이
일어납니다"로 시작하는, 격앙된 어조의 메일이었다.

다음 날 아침 나는 시오니즘이 성경적이냐고 간단히 물어볼
걸 하고 후회했지만 이미 메일은 돌려진 후였다. 절반이 넘는
사람들이 답을 해주었고, 나는 이를 통해 외부인의 시선을
잠시나마 배웠다(이들 모두 크리스천이었다).
응답해 준 사람들 중 절반이 넘는 사람들이 내 의견에
동조한다고, 혹은 잘 모르겠다고 말했다. 내 격앙된 어조 때문에
나와 논쟁하고 싶지 않았거나, 이 문제에 대해 잘 생각해 보지
않았기 때문이었으리라 생각한다. 흑/백처럼 한쪽만 옳다고
단정지을 수 없다는 사람도, 두 민족 모두 예수를 모르고 서로
갈등과 반목을 계속하고 있다는 사람도 있었다. "지금 이

땅에서 일어나는 일은 비극적이지만 역사의 주권은 하나님께
달렸고, 여기에도 하나님의 계획이 있다는 걸 잊지 말라"는
선배도 있었다. 물론 많은 사람들의 핵심 주장은 예수를 전하는
게 그리스도인의 제1의무라는 점이었다.

아쉬운 건 내가 알고 지냈던 한국인 교수님이 단 한 분도
응답하지 않았다는 점이었다. 나는 우리나라의 기독 지성인이
이 문제에 거의 고민하지 않는다는 걸 반증하는 것 같아
서운했다. 고민하면서 답장하는 걸 잊었을지도 모르는 일이다.
하지만 그만큼 팔레스타인 문제가 우리에게 생소하다는 반증일
것이다.

예상했던 대로, 강경한 반응은 대부분 미국에 있는
친구들에게서 나왔다. 무조건적으로 이스라엘이 땅을 차지할
권리가 있다고 말한 사람들은 내 간담을 서늘하게 했다.
이스라엘을 미국의 51번째 주(州)로 여기는 미국의 분위기를
고려하면 당연한 반응일지도 모른다. 특히 "한번 이스라엘
땅이었던 팔레스타인은 오늘날도 이스라엘의 땅으로 보아야
하고(창 17:7), 오늘날 미국이 자신의 국경을 지키듯 이스라엘이
그 땅을 차지할 권리가 있다"고 말한 친구는 차갑기 그지없었다.
물론 이 사람들은 이슬람 성전(聖戰)을 외치는 팔레스타인
사람들이 문제라고 보았다.

비록 일부였지만, 강경한 크리스천 시오니즘을 고수하던

사람들의 답변은 일종의 트라우마가 되었다. 나는 생각했다.
'선택받았다고 해서, 땅을 약속받았다고 해서 토착민들을
불행하게 만들어도 되는 건가?', '이 상황을 그리스도인으로서
옹호하는 게 정상인가?', '가나안 정복을 오늘날 팔레스타인에
적용하는 것이 정당한가?' 이 사람들의 답변은 얼음장 같았고,
팔레스타인 사람들을 전혀 생각하지 않는 것 같았다. 다들
이곳의 현실을 모르기 때문이라고 생각해 보았지만, '예수
안에서 우리는 하나'라는 동질감이 산산이 부서지는 것까지
막을 수는 없었다. 나는 '이곳에 와서 사람들이 얼마나
힘들게 살고 있는지를 직접 보면 그런 말이 안 나올걸?' 하며
으르렁거렸다. 지금 생각해 보면 외부인보다 내가 이 땅의
현실을 더 잘 알고 있다는 약간의 교만이기도 했다.

사실 우리나라에서도 이스라엘-팔레스타인 문제에 대한
양쪽 시각을 들어볼 기회는 거의 없다. 그래서인지 한국
그리스도인들은 "선택받은 이스라엘 민족이 약속받은 땅에
다시 돌아왔습니다!"라는 한 마디에 너무나도 쉽게 "아멘"으로
화답한다. 하지만 현대 국가 이스라엘은 선택받은 민족으로서
걸맞은 행실을 하고 있는가?

세상의 눈으로 본다면 시오니스트가 모든 문제의 씨앗이다.
성경을 믿지 않는다면 이 사람들은 그저 말도 안 되는
종교적 신념을 들고 남의 땅을 빼앗은 피의자들이다. 하지만
성경에 비추어 볼 때에도 이 사람들의 사상은 비정상적인

걸까? 종교적인, 혹은 민족주의적인 유대인 시오니스트에게 있어 약속의 땅에 관한 언약은 불가침의 영역이다. 종교적인 유대인에게 있어(그리고 일부 크리스천 시오니스트에게) 시오니즘에 도전하는 것은 감히 하나님께 도전하는 것과 같다.

나는 그리스도인으로서 크리스천 시오니즘, 즉 시오니즘을 옹호하는 기독교의 입장을 어떻게 바라보아야 할지 고민하기 시작했다. 이 고민의 여정이 베들레헴에서 나를 끝까지 따라다녔다.

사실 이 주제에 관해서는 무수히 많은 관점이 있고, 이 땅의 상황에 대한 성경적인 해석도 천차만별이다. 한 달이 채 안 되어 나는 시오니즘이 엄청나게 복잡한 문제이며 함부로 논할 만한 주제가 아니라는 사실을 깨달았다. 그래서인지 나는 베들레헴- 이스라엘 땅에 살고 있는 그리스도인들의 생각이 궁금해졌다.

"시오니즘이 성경적인가요?"

혼자 고민하는 건 어리석은 일이었다. 나는 "시오니즘이
성경적인가요?"라는 질문을 가지고 베들레헴, 그리고
이스라엘을 뛰어다니기 시작했다.
물론 모든 땅의 주인은 하나님이다. 우리 인류는 그저 임시
거주자일 뿐이다(레 25:23). 하지만 오늘날에는 대체 누가 이 땅의
청지기 역할을 부여받았는가? 베들레헴에서 본 이 모든 어두운
이야기들을 보고 하나님이 기뻐하실까?

월리엄 선교사님

베들레헴에서 2년 반 동안 섬긴 월리엄 선교사님. 선교사님의

논리는 간단명료했다. 우리는 모두 한 민족이라는 것이었다.

"창세기 대홍수 이후 우리는 모두 노아에게서 나왔다. 즉
유대인도 아랍인도 모두 노아의 혈통이다. 인류는 다른
민족으로서 창조된 것이 아니고, 한 명의 뿌리를 모두 공유하고
있다(창 10, 행 17:26). 게다가 예수가 내려온 이후로 민족 구분에는
더 이상 큰 의미가 없어졌다. 따라서 이 민족 저 민족 나누며
땅의 권리를 주장하는 시오니즘에는 동의하지 않는다."

'온 인류는 한 민족이다.' 너무나 간단해서 늘 잊고 있었던
사실이었다. 하지만 우리는 이를 잊고 민족과 나라를 나누기
바쁘다. 서로 다르게 생겼고, 다른 문화를 공유하기 때문이다.
나도 베들레헴 시내를 걸으며 만나는 현지 아랍인들과 민족적
동질감을 느끼지는 않았다.
하지만 윌리엄 선교사님의 관점으로 보면 이-팔 분쟁은
아버지의 재산 상속 문제로 자녀들이 서로 다투는 광경이다. 즉
아브라함의 아들 이삭(유대인의 조상)과 이스마엘(아랍인의 조상)의
유산 다툼인 것이다. 비록 이삭에게 구체적인 언약이 흘러
들어가기는 했지만, 궁극적으로 한 뿌리를 가진 이 두 민족에게
있어 영토 분쟁은 소모적인 분열에 불과하다. 이분의 논리는
간단명료했고, 나도 더 이상 떠오르는 질문이 없어 고개를
끄덕였다.

프랑스에서 신학과 철학을 공부하고 베들레헴 대학교에 계신
피터 듀브럴[Peter DuBrul] 교수님은 시오니즘을 정치적, 종교적인
측면으로 분리해서 설명하셨다.

"기독교적 관점에서 보았을 때는 몇몇 형태의 시오니즘이
정당할 수 있고, 몇몇 형태는 옳지 않을 수 있다. 정치적으로
보았을 때도 마찬가지이다. 종교적인 것과 정치적인 것을 구분할
줄 알아야 한다.
'하나님께서 이 땅을 이스라엘에게 주셨으니 우리는 이스라엘의
정책에 동의해야 한다'라고 주장하는 건 부조리하다. 자신의
신앙을 정치와 이어 붙이고 이에 동의하지 않는 다른
사람들에게도 강요하는 것은 정의롭지 못하다. 성경을 문자
그대로 해석해서 정치적인 독트린을 만들고 다른 정치적/종교적
신념을 가진 사람들에게 이를 강요하는 것은 잘못되었다. 이는
심각한 문제를 낳는다.
시오니스트, 그리고 시오니스트가 아닌 사람들 모두 서로의
공동 기반(common grounds)을 찾고 앞으로의 길을 이 위에서
발전시켜야 한다. 안타깝게도 이스라엘은 그렇게 하지 못했다.
그 결과로 주변 아랍 국가까지 종교와 정치를 구별하지 못하는
결과를 초래했다. 그래서 문제는 더욱 커졌다.
사실 신명기에서도 하나님은 고대 이스라엘 민족이 정의를

행하지 않는다면 이들이 땅을 잃을 것이며, 심지어 이집트로
되돌아갈 것이라고도 경고한다. 지금 이스라엘 정부는 정의롭지
못한 통치를 하고 있다. 이스라엘 정부는 정착촌을 늘려가며
팔레스타인과의 갈등을 고착화시키고 있고, 한 입으로 두 말을
하고 있다."

교수님 말씀대로 공의로운 하나님은 정의를 행하지 않는 고대
이스라엘을 거듭 책망하셨다(사 1:15-17, 1:21-28, 3:13-15, 5:1-10,
5:18-25, 10:1-4, 30:12-14, 58:1-10, 59:1-8; 렘 2:34-35, 5:26-29, 6:6-8,
6:13-15, 8:10-12, 9:3-9, 22:13-17; 겔 22:6-16, 22:24-31, 24:6-11, 45:9-10;
호 4:1-3, 6:7-7:2, 10:12-14, 12:7-9; 암 2:6-8, 3:9-13, 4:1-3, 5:7-15, 5:22-24,
6:11-12, 8:1-8; 미 2:1-3, 2:8-11, 3:1-4, 3:9-12, 6:10-7:4; 합 2:8-13;
습 3:1-5; 슥 7:8-14; 말 3:5). 출애굽 당시 하나님과 이스라엘
백성이 맺은 언약 또한 하나님에 대한 충성을 전제로 한 조건적
언약이었다(출 19:5-6). 이스라엘의 회복에 대한 예언이 지금도
유효하다면 이러한 경고도 분명 유효할 것이다. 교수님이
동의하는 시오니즘의 형태는 아래와 같았다.

"나는 일부 온건한 시오니즘에 동의한다. 이는 토착민의 동의를
구하고 이들의 권리를 존중하는 선에서 땅에 거주하는 것이다.
하지만 유대인은 지난 2,000여 년 동안 지나치게 고생했고
피로가 누적되어 있었기 때문에 이를 잊고 말았다. 이것이
이-팔 갈등의 원인 중 하나였다."

아, 온건한 시오니즘에 대한 생각은 전혀 하지 못했다.

오늘날에도 이스라엘의 진보 진영에서 나온다는 이 주장은 현실적일까? 하지만 온건한 시오니즘은 한계에 부딪힐 수밖에 없지 않을까? 교수님 말씀대로 유대인들은 당시 극도의 피로와 탄압에 시달리고 있었다. 이 악몽으로 인해 유대인들은 초기 팔레스타인 토착민의 저항을 반유대주의 연장선으로 잘못 이해했고, 무장투쟁을 촉진했다. 한편 팔레스타인 토착민들은 이들의 이주를 피난으로 보지 않고 서구 제국주의의 확장으로 이해해 갈등을 더욱 심화했다.

피터 교수님은 정치적인 것과 종교적인 것을 구분해야 한다며 시오니즘을 논의하셨다. 그리고 '공동 기반(common grounds)'을 출발점으로 하는 분쟁의 해결을 제시하셨다. 나는 교수님이 말씀한 온건한 시오니즘대로 이스라엘이 건국되었더라면 상황이 이렇게까지 나빠지지 않았을지 모른다는 생각에 잠겼다.

당시 극도로 절박했던 유대인들에게 있어 토착민의 인권이나
거주권과 같은 사항은 고려할 틈이 없었을지도 모른다.

토착민과의 갈등뿐 아니라 유대인 무장단체가 해방을 요구하며
영국 군대를 겨냥해 테러를 저지른 것도 같은 맥락에서 해석할
수 있지 않을까?

교수님은 평화를 위해 서로의 권리를 존중하고 서로의 입장을
조절하는 과정이 필요하다는 입장이었다. 물론 이것이 제대로
지켜지지 않아 문제가 심화되었고, 한쪽이 신앙과 정치를
구분하지 못하고 일방적으로 자신의 독트린을 강요함으로써
갈등이 증폭되었다는 것이 핵심 내용이었다.

자말 카데르 교수님

베들레헴 대학교에서 기독교를 가르치는 자말 카데르^{Jamal Khader}
교수님은 시오니즘에 대한 논의로 대화를 시작하셨다.

"시오니즘 운동은 19세기에 테오도르 헤즐^{Theodor Herzl}에 의해
비종교적인 운동으로 발전했다. 그는 종교적인 유대인이
아니었고, 그가 외친 시오니즘도 사회주의와 민족주의의 영향을
받은 사상이었다. 당시 종교적인 유대인들은 그의 시오니즘을
거부했다. 이들 유대인은 메시아가 나타나 흩어진 유대인들을
직접 모을 것이라고 믿었기 때문이었다. 사실 팔레스타인 땅을
유대 국가의 땅으로 지목한 사람도 크리스천 시오니스트였다.

이스라엘이 건국되고 굳건해진 뒤에야 종교적인 유대인들도
자신의 경전과 현대 국가 이스라엘을 연관 짓기 시작했다. 즉
종교적인 이데올로기가 탄생한 것이다."

뒤이어 교수님은 크리스천 시오니즘에 관한 논의를 시작하셨다.

"기독교 시오니즘은 두 가지 기둥에 기반해 있다. 구약의
문자 그대로의 해석(미국)과, 과거에 유대인을 박해한 데에
대한 죄책감(유럽)이다. 하지만 이로 인해 팔레스타인 사람을
박해하는 정의롭지 못한 상황이 벌어졌다. 이들이 고향에서
추방당하고 점령당하는 것이 하나님이 기뻐하시는 일인가?
하나님은 구약 이방 민족의 부족 신이 아니다. 모든 민족의
하나님이며, 모든 민족은 형제처럼 화목하게 지내야 한다.

이데올로기로 싸워서 안 된다. '이 땅은 한 민족에 속한다. 이
땅은 오직 유대인의 땅이다'라고 외치며 팔레스타인인의 권리는
없다는 듯이 행동하는 건 공의롭지 못하다.
교회의 임무 중 하나는 정의를 전파하는 것이다. 복음은
생명의 말씀이다. 그런데 우리 팔레스타인 사람들에게는
이것이 (육적으로) 죽음의 말씀이 되었다. 인종차별이 성행할
때 미국인들이 내세운 것도 성경이었고, 청교도들이 오늘날의
미국 땅에서 인디언을 내쫓을 때 내세운 것도 바로 성경이었다.
우리는 성경의 전체적인 프로세스와 맥락을 보아야지, 특정
부분만 보고 자신의 의도를 정당화해서는 안 된다."

"죽음의 말씀"이 거론되었을 때 나의 눈은 동그래졌다.
나에게는 이 땅에서 성경의 이름으로 정당화되고 있는
부조리가 현지인들로 하여금 복음에 마음을 닫게 할 수 있다는
암시로 들렸다. '미국=기독교'라는 등식이 여전히 통하는
이곳 중동에서는 이스라엘이 21세기 판 십자군의 하수인으로
여겨진다는 목소리도 실제로 있다.

자말 교수님의 핵심 단어는 '공의justice'였다. 온 인류를 위해
독생자 예수를 내려 주신 하나님이 이런 폭력적인 상황에
기뻐할 리는 없을 것이다. 예언서에 이스라엘의 영토 회복이

자말 교수님은 '공의'를 핵심 단어로 하여 시오니즘을
바라보셨다. 그리고 팔레스타인 민족의 권리를 인정
하지 않는 태도를 꼬집으며 현지인이 성경을 바라보는
자세를 암시했다. 성경의 전체적인 맥락과 프로세스
를 보아야 한다고 말씀한 데는 의심의 여지가 없었다.

예언되고 있지 않느냐는 질문에도 교수님은 "그럼 하나님의
공의는?"이라고 했고, 나는 할 말이 없어 그저 고개를 끄덕였다.
안타깝지만 지금의 이스라엘은 블레셋에 맞서 자신을 방어하던
의로운 희생자가 아니라 억압자의 위치에 더 들어맞기 때문이다.

다른 분들과도 대화를 나누었지만, 베들레헴 대학교 교수님들은
시오니즘에 거의 모두 반대하는 입장이었다. 하지만 시오니즘에
반대하는 이분들의 이유는 논리적이었다. 팔레스타인 땅의 대학교
교수님이라 예상했던 일이었지만, 이분들의 이유는 명확했다.
나중에 느낀 점이지만, 이분들은 베들레헴/팔레스타인에서
벌어지는 사건과 부조리 자체에 많은 초점을 두고 있었다.
베들레헴에서 다른 시각을 가진 사람을 만나는 건 사실상
불가능했다. 나는 반대쪽 입장을 듣기 위해 잠시 이스라엘
영토로 나가야 했다.

김혁수 목사님

예상했던 대로, 이스라엘의 한국 목사님들의 입장은 베들레헴
사람들과 전혀 달랐다. 내 전공이 건축이라고 하자, 한 분은
앞으로 지어져야 할 유대인 정착촌 건물이 아직 많이 남아
있다며 흐뭇한 미소를 지었다. 나는 나도 모르게 어깨를
움츠렸다. 베들레헴에서는 하루가 다르게 정착촌이 넓어지고
있다며 한탄하는 사람들의 목소리를 늘 듣기 때문이었다.

이분들의 시각은 베들레헴 현지인들의 시각과 천지 차이였다.
물론 이분들은 하나같이 예수를 이 땅에 알려야겠다는
사명감과 사랑에 가득 차 있었다.

한때 한동대학교 환동해경제문화연구소 소장을 지냈던 김혁수
목사님의 입장은 가장 명확했다.

"오늘날 일어나는 일이 비극적이고 부조리할지라도, 인간의
시각이 아닌 언약의 관점으로 상황을 바라보아야 한다. 언약의
시각으로 바라본다면, 유대인들은 하나님의 영원한 언약에
따라 지금의 이스라엘 땅으로 되돌아온 것이다(겔 36-37). 우리는
언약을 통해 하나님의 사랑이 어떻게 발현되는지에 집중해야
한다.
같은 땅을 놓고 벌어지는 이 분쟁의 유일한 해결책은 예수이다.
이스라엘과 팔레스타인이 모두 예수를 받아들인 후에 서로
연합될 수 있기 때문이다. 먼저 팔레스타인 사람들은 언약을
받아들이는 법을 배워야 한다. 그리고 유대인들은 팔레스타인
사람들을 사랑으로 대해야 한다는 사실을 깨달아야 한다. 그
후에 두 민족이 예수 안에서 연합될 수 있고, 비로소 문제가
해결될 수 있다."

사실 나는 팔레스타인 사람들이 언약을 받아들이는 훈련을
해야 한다는 말에 조금 거부감이 들었다. '팔레스타인
사람들이 어떻게 사는지 보면 그런 말이 안 나올걸요!'라는

말이 목구멍까지 올라왔다. 이것이 다른 입장을 접한 나의 첫
반응이었다.

하지만 목사님이 인용한 예언서의 구절은 명확했다.

"그러므로 보아라, 나 주의 말이다. 그 날이 지금 오고 있다.
그 때에는 사람들이 더 이상 '이스라엘 백성을 이집트 땅에서
이끌어 내신 주'의 살아 계심을 두고 맹세하지 않고, '이스라엘
백성이 쫓겨가서 살던 북녘 땅과 그 밖의 모든 나라에서 그들을
이끌어 내신 주'의 살아 계심을 두고 맹세할 것이다. 나는 그들의
조상에게 주었던 고향 땅에 그들을 다시 데려다 놓을 것이다."
(렘 16:14-15)

'북녘 땅'에 관해서 목사님은 오늘날 러시아에서 돌아온 150만
명의 유대인을 암시하는 것으로 보인다고 말씀했다. 게다가 이
구절은 '북녘 땅과 그 밖의 모든 나라'에서 이스라엘 민족을
이끌어낸 주를 언급하고 있었다. 이는 140개가 넘는 국가에서
귀환한 유대인이 세운 오늘날의 이스라엘이 아니고는 역사에
없었던 일이었다. 바빌론에 포로로 잡혀간 이스라엘 백성이
예루살렘에 돌아와 성벽을 재건했을 때도 5만 명이 안 되는
회중이 귀환했기 때문이다. 무엇보다도, 더 이상 이집트 땅에서
'200만 명'을 이끌어낸 하나님의 살아 계심을 두고 맹세하지
않고, 북녘 땅과 그 밖의 모든 나라에서 '550만 명'을 이끌어낸
하나님의 살아 계심을 두고 맹세하는 게 더 상식적이었다.

550만 명은 물론 오늘날의 이스라엘이 세워지며 귀환했던
유대인의 숫자다.

북녘 땅이 러시아를 의미하는 것처럼 보인다는 해석에 굳이
동의하지는 않았지만, 이 말씀이 출애굽을 능가하는 대규모의
이동을 암시하는 것은 분명해 보였다. 나는 다른 구약의
예언서들도 꼼꼼히, 다시 읽어 보았다. 분명 예레미야서,
에스겔서, 스가랴서, 미가서 등의 주요 예언서는 이스라엘
민족의 회복을 약속하고 있었고, 영토의 회복도 분명히
약속하고 있었다. 그리고 이들 예언 중 일부는 바빌론에서
4만 6천여 명이 돌아온 일과는 차원이 다른, 대규모의 전
세계적인 이동처럼 보였다. 전에 이 예언서들을 읽을 때까지만
해도 오늘날의 이스라엘과 결부해서 생각해 보지는 않았다.
하나님은 분명 신실하신 하나님이고, 절대 언약을 취소하는
분도 아니다. 그가 구약에서 약속했다면 이는 신약 시대인
오늘날에도 유효하다.

김 목사님의 논리는 간결했다. 성경에서 예언하고 있고,
따라서 이는 실현될 수밖에 없다는 것이었다. 그리고 현대
이스라엘 국가의 건설이 이 예언서의 성취에 잘 들어맞는
것처럼 보인다는 것이었다. 내가 그동안 붙잡아 오던
사고방식이 전복되는 기분이었다. 그러면 나는 수많은 크리스천
시오니스트처럼 하나님의 편에 서기 위해 이스라엘을 지지해야
하는 걸까?

갈릴리 키부츠에서 학생을 가르치는 브래드 브로^{Brad}
^{Brough}의 입장도 비슷했다. 구약학을 전공한 브래드도 오늘날의
이스라엘을 하나님의 계획과 연관 지어 설명했다.

"이스라엘 건국은 하나님의 계획에 따라 벌어진 일로 보인다.
이스라엘의 회복, 즉 영토와 영성의 회복이 예언자를 통해
계시되었기 때문이다. 이 계획에 따라 하나님은 지금 전 세계에
흩어진 유대인들을 불러모으고 있는 것으로 보인다. 그리고
재림 후에는 그리스도가 이들을 다스릴 것이다.
시오니즘은 기본적으로 한때 자신들에게 속했던 영토로
돌아가고자 하는 유대인들의 소망의 발현이었다. 이는
하나님께서 주신 마음이었고, 이들의 귀환을 이루기 위해
하나님은 유대인들에게 일어난 숱한 고난들을 허락하신 것으로
보인다. 비록 이스라엘 정부가 세속적인 노선을 택하고 있지만
이를 통해 실용적으로 이스라엘의 회복을 단계적으로 완성해
나가고 계신 것 같다.
물론 오늘날 일어나는 일들이 바로 그 예언의 성취라고는
확실히 말할 수 없다. 이스라엘이 다시 흩어지고 언약이 천 년,
혹은 백만 년 후에 성취될 수도 있다. 하지만 확실한 한 가지는
하나님이 이스라엘의 영토를 되찾게 하고 이들을 영적으로
회복시키겠다고 예언자를 통해 말씀하셨고, 이는 반드시 실현될

것이라는 점이다."

브래드는 이스라엘 민족의 회복에 대한 예언서를 이야기하며
에스겔서(특히 36-37장), 예레미야서(특히 31장), 로마서 11장을
언급했다.
에스겔서는 이스라엘 민족이 여러 나라에서 모일 것이라고
말하며(36:24) 이들의 국가적 구원을 다루고 있었다. 국가적
구원은 아직 성취되지 않았지만 여러 나라에서 모일 것이라는
예언은 오늘날 이스라엘에 들어맞는 것 같았다. 이전에 유대인이

브래드 씨는 구약의 예언서에 초점을 두고 시오니즘
을 바라보았다. 본인도 이스라엘 정부의 행보에 굳이
동의하지는 않는다는 그는 정치적으로 강경한 시오
니스트가 아니었다. 나는 그가 합리적이고 성경적이
며, 온건하다는 인상을 받았다.

느헤미야와 함께 성벽을 재건했을 때도, 기원전 2세기경에 일부
유대인이 예루살렘에 돌아와 헤롯과 제2성전을 지었을 때도
에스겔서가 묘사하는 거대한 귀환은 아니었다. 분명 오늘날
이스라엘에 더 잘 들어맞았다.

물론 브래드도 우리는 팔레스타인 사람들(Arabs)을 사랑하고
이들과 복음을 나누어야 한다고 말했다. 또한 우리의 해석을
강요하지 말고 확실히 하나님의 계획을 모두 판단할 수는
없음을 겸허하게 인정해야 한다고도 했다. "예수가 재림할
때까지 두 민족의 갈등을 봉합하는 완전한 방법은 없어
보인다"라는 말을 거듭하던 브래드였다.

하나님이 예언자를 통해 말씀하신 이스라엘의 회복은 반드시
이뤄져야 한다는 그의 논증은 강력했다. 신실하신 하나님이
예언자를 통해 예언하신 책을 거부한다면 그건 더 큰 오류가
되는 셈이었다. 나는 자연스럽게 현대 국가 이스라엘을 다른
시각으로 바라보기 시작했다. 선택받은 이 유대인들이 다시
모여서 하나님의 역사의 페이지를 장식해 나가고 있다는 생각에
나는 일종의 경이로움까지 느꼈다.

그렇게 게임은 끝난 것만 같았다. 하나님이 예언한 것은
이루어져야 하고, 우리는 이스라엘의 존재를 성경적으로
옹호해야 한다. 이 예언서들을 부정하는 건 더 비성경적인
태도가 아닌가?

하지만 그래도 내 마음속에는 풀리지 않은 무언가가 남아

있었다. 베들레헴에 돌아와 이들의 삶을 들여다볼 때마다
회의가 들었기 때문이다. 이-팔 분쟁 문제도 하나님의 계획에서
어쩔 수 없이 발생하는 "부수적 피해^{Collateral damage}"인가? 그럼
매일 마주치는 베들레헴 사람들의 서러운 이야기도 하나님의
예언 성취의 부수적 피해로 치부하고 눈감을 수 있는 걸까? 이
사람들이 점령하의 비참한 삶을 사는 것을 우리가 묵인해도
괜찮은 것인가? 나는 그럴 수 없었다. 먼 한국 땅에서 이
사람들의 이야기를 들었더라면 가능했겠지만, 이미 이곳
사람들의 이야기는 내 이야기가 되어 있었기 때문이다.

나는 베들레헴의 강태윤 목사님에게 돌아와 마지막으로
질문했다. 이번 질문만큼은 "시오니즘이 성경적인가요?"가
아니었다. "예언서에서 이스라엘의 영토 회복을 말하고 있지
않나요? 그럼 우린 이스라엘을 지지해야 하는 거 아닌가요?"

강태윤 목사님

"나는 이러한 예언서 해석에 반대하지 않는다. 분명히 예언서는
이스라엘의 회복을 예언하고 있고, 나도 이스라엘 영토의
회복을 부정하지 않는다.
하지만 모든 사람들이 이 해석에 동의하는가? 하나님
관점에서의 회복이 반드시 영토의 회복을 말하는 것인가?
하나님의 관점에서 볼 때 이는 영적인 회복일 수도 있지 않을까?

하나님의 관점에서 본다면 이스라엘이 처음 가나안 민족들을 멸한 사건도 영토의 "영적인 회복"이었다(신 9:4-5, 18:12). 바알 숭배로 더럽혀진 하나님의 땅을 이스라엘 민족을 사용해 깨끗하게 하셨기 때문이다. 따라서 예언서의 예언을 무작정 영토로 해석하고 이를 강요하는 건 잘못되었다. 이 예언서들이 쓰여졌을 때의 시대와 맥락은 오늘날과 전혀 다르다. 오늘날 우리는 한 생명이라도 소중히 여기는 그리스도의 관점으로 이 문제에 접근해야 한다. 하나님의 공의의 차원에서 이-팔 문제를 바라본다면 무작정 이스라엘만을 옹호할 수 없다".

강 목사님은 이어 성경의 전체를 보아야 한다고 거듭 강조했다.

"예언서는 성경의 일부이다. 성경으로서 분명한 하나님의 말씀이지만, 이것이 성경 전체를 감싸 안지는 못한다. 이들 예언서의 몇 장을 집어내 오늘날 팔레스타인 사람들에게 자행되는 폭력을 정당화하는 건 예수가 이 땅에 내려온 의미를 퇴색시킬 수 있다. 우리는 이제 예수의 시각으로 이 땅을 바라보아야 한다."

나는 예수를 며칠 동안 까맣게 잊고 있었다. 예언서도 성경의 일부로서 반드시 이루어져야 하지만 성경 전체의 메시지, 즉 사랑과 공의의 하나님에 초점을 두고 예언서를 보아야 하는 것이다.

5

예배가 끝난 후 성도들이 교회 앞마당에서 담소를 나누고 있다. 처음 온 나에게 커피와 과자를 권하며 환영해 주는 사람들을 향해 나는 "슈크란(감사합니다)"을 연신 내뱉었다. 매일 세계에서 외국인 관광객과 방문객이 와서 그런지 나를 전혀 낯설어하지 않았다. 나는 이 사람들이 끝날까지 이 땅에 남아 주길 바라며 교회 문을 나섰다.

메시아

아 랍 크 리 스 천 들

베들레헴에서 시작해서 시오니즘에 대한 성경적인 고민까지.
먼 길을 다녀왔다. 내 입장이 조금씩 분명해지면서 나는
마음의 안정을 되찾았다. 거친 계곡물이 내려와 강을 만나며
잔잔해지는 기분이었다. 이제 나의 관심사는 베들레헴에서
자라고 있었던 선교의 민들레 풀이었다. 이 땅 사람들의 서러운
마음을 치료할 그리스도가 발 디딜 희망이 베들레헴에는
있을까?

볼로스 아클레[Boulos Aqleh] 씨는 내가 만난 아랍 크리스천 중 가장
독실한 신앙인이었다. '바울'의 아랍어 이름인 볼로스 씨는
손가락으로 셀 수 있을 정도로 적은 팔레스타인 CCM 작곡가 중
한 명이다. 2005년 남아프리카에서 지내며 재능을 갈고닦았고,

이제 첫 번째 앨범을 준비하고 있었다. 최초로 팔레스타인 땅에
대한 복음성가를 작곡한 만큼 특별한 앨범이 될 것만 같았다.
볼로스는 작사, 작곡 담당이다. 노래는 그의 아내와 삼촌이
맡았다. 직접 노래를 불러보는 건 어떠냐는 질문에 볼로스는
피식 웃으며 손을 휘저었다.

볼로스는 첫 앨범의 주제곡이라며 '야 예쑤아 타알(오 예수여
오시옵소서)'를 미리 들려주었다. 아랍어로 된 찬양이라
예쑤아(예수)밖에 알아들을 수 없었지만, 나는 감미로운 곡에
새삼 놀랐다. 아랍 스타일의 곡을 기대했지만 이 곡은 우리나라
CCM 여가수의 곡을 연상시킬 정도로 감미로웠다. 나는 연신
감탄사를 내뱉었다. 며칠 몇 달을 투자하는 다른 노래와 달리,

볼로스와 그의 아내 이에바. 함께 있는 사진을 찍어
도 되냐고 묻자 흔쾌히 "그럼!"이라고 대답해 주었다.
하지만 사진 찍는 자리가 어색했는지 계속 웃으며 서
로를 쳐다보기만 했다.

이 곡만은 영감을 받아서 한 시간 만에 작곡했다고. 그가 미리 들려 준 다른 노래에는 '팔레스타인 노래'라는 제목의 성가도 있었다. 아랍 분위기가 물씬 풍기는 멜로디에, 상한 땅의 치유와 그리스도의 축복을 구하는 내용의 가사였다. 팔레스타인 땅을 다룬 최초의 CCM 노래라며 볼로스는 수줍게 웃어 보였다. 자신은 그저 하나님을 찬양할 뿐이고, 자신의 노래를 들어 쓰시는 건 하나님이라는 것이 볼로스의 철학이다. 자신의 앨범이 성공해도, 그렇지 않아도 행복하다는 볼로스는 곡을 쓸 때마다 그 과정에 놀란다고.

하지만 이 땅에서 지내며 볼로스 같은 크리스천을 만나는 건 힘든 일이었다. 많은 무슬림들처럼 이곳 크리스천에게 있어서도 신앙이 장식품에 불과한 것은 아닌가 싶을 때가 많았다. 이 땅의 기독교는 초대 교회의 뜨거운 모습이 아니었다. 게다가 이곳의 크리스천은 빠르게 빠져나가고 있다.

'INDIVISA MANENT(연합하라).' 오늘날 아랍 크리스천들에게 가장 절실한 한 마디다. 2,000년 동안 수많은 전란과 우여곡절을 이겨 낸 아랍 크리스천들은 오늘날 이 성지에서 '멸종될' 위기에 처해 있다. 베들레헴 시만 놓고 보면 28%의 기독교인이 있지만 서안지구와 가자지구에는 2%가 채 안 되는 기독교인만이 남아 있다. 물론 이 사람들도 이 땅을 떠나가고 있다.

1914년까지만 해도 유럽 기독교인의 이주로 인해 이스라엘-

팔레스타인 땅의 크리스천 인구는 16%에 달했다.[1] 그리고
1948년까지 베들레헴의 기독교인은 90%를 차지했다.[2] 하지만
전란을 겪으며 크리스천은 이 땅을 빠르게 떠났고, 팔레스타인
땅의 아랍 크리스천은 꾸준히 감소해 왔다. 1967년 6일 전쟁
당시에만 이들 크리스천 중 35%가 팔레스타인 땅을 떠났다.[3]
2000년만 해도 서안지구과 가자지구의 크리스천 비율이
1.5%까지 감소했다는 통계까지 있다.[4] 이들 크리스천들은
무슬림보다 부유하고, 해외에 이주한 친인척과의 연줄도 많아
이주하기가 비교적 용이하기 때문에 이주는 더욱 잦다. 아랍
크리스천의 이주는 지금도 계속되고 있고, 계속되는 무슬림의
유입과 높은 출산율이 겹치며 기독교인의 비중은 더욱 빠르게
줄어들고 있다. 팔레스타인의 기독교인은 대부분 그리스 정교와
가톨릭 계열이었고, 지금도 이 사람들이 대부분의 비중을
차지하고 있다.

가자지구에서의 상황은 더 나쁘다. 2007년에 하마스가
가자지구를 장악한 이후로는 팔레스타인 전역의 이슬람화를
목표하는 하마스 회원의 증가로 수난이 심화되었기 때문이다.
기독교 학교 공격은 물론 기독교 성직자로 하여금 이슬람
행사에 강제로 참여하게 하는 등 가자지구 크리스천의 미래는
불투명해졌다. 가자지구에 있던 성서공회 Bible Society 도 계속되는
위협과 공격에 공식적으로 철수하고 말았다. 하마스는 엄격한
이슬람 율법인 샤리아 Shari'a 를 가자지구에 적용하려고 해왔고,
이로 인한 강제 개종을 피하기 위해 수많은 가자 크리스천들이

이주를 고려해 왔다.[5] 하지만 2007년부터 심화된 이스라엘의
가자 봉쇄로 인해 이곳을 벗어나는 건 거의 불가능해졌다.
오늘날 가자지구에는 1,400여 명의 기독교인이 살고 있다.
우리나라 중·대형 교회 하나의 성도 수와 맞먹는 숫자이다.
180만 가자 인구의 0.08%에 불과한 작은 공동체이지만, 2014년
이스라엘의 공습에 도망쳐 나온 무슬림 난민들에게 그리스
정교 교회를 열어 피난처를 제공해 널리 기사화되기도 했다.

이들 아랍 크리스천이 팔레스타인 땅을 바로 세우는 빛과
소금의 역할을 할 수 있을까? 이 추세로 가면 빛과 소금은커녕
교회들마저 순례객들이 와 그저 사진만 찍고 가는 텅 빈
박물관으로 변해 버릴지도 모른다.

사실 이 걱정은 베들레헴 주 베잇 사훌^{Beit Sahour}에 있는
교회에 갔을 때 피부로 와 닿았던 우려다. 널찍한 예배당의
반이 해외에서 온 순례객들로 찼기 때문이다. 각자의 투어
프로그램에 따라 다른 색의 손수건을 두른 순례객들이 예배
시간에 맞춰 예배당으로 밀려들어 왔다. 매주 있는 일이라
그런지 현지인 크리스천들은 익숙하게 이 사람들을 맞이했고,
함께 예배를 드렸다. 여행사에서 온 카메라맨이 예배 도중
사진을 찍는 동안에도 현지인들은 개의치 않는 분위기였다.
매주 예배 시간마다 다른 나라에서, 다른 여행사에서 온
순례객들이 예배당의 반을 채운다는 이 교회를 보면서 나는
걱정이 들었다.

모든 베들레헴의 교회의 예배가 이렇게 운영되는 건 절대
아니다. 하지만 나는 빠르게 이주해 가는 현지 크리스천들을
떠올리면서 이 교회가 미래 베들레헴 교회의 '일반적인' 교회가
되는 날이 오지 않을까 하며 심난해지곤 했다. 아랍어로 진행된
예배라 아무것도 못 알아들었다는 허탈함도 잠시, 나는 조금 더
무거워진 발걸음으로 집에 돌아갔다.

베들레헴 바이블 칼리지

이 추세를 막기 위한 노력도 진행 중이다. 빠르게 떠나는 아랍
크리스천의 이주를 늦추고 이 사람들로 하여금 이 땅을 섬길 수
있도록 하는 것이 이 노력의 핵심이다. 사실상 모든 베들레헴-
팔레스타인의 크리스천 공동체가 이 노력에 역점을 두고 있다.
이 중 가장 절실하게 노력하고 있는 기관 중 하나인 베들레헴
바이블 칼리지를 소개하고 싶다.

베들레헴 바이블 칼리지는 20달러에서 시작했다. 비샤라
아와드 Bishara Awad 목사가 현지 아랍 교단을 향해 "베들레헴에서도
성경을 가르칩시다!"라고 말했을 때 받은 20달러였다. 사실
이 돈은 '선한 열정에 대한 모독'으로 여기고 단념할 수도
있는 금액이었다. 하지만 비샤라 씨는 포기하지 않았고, 결국

1979년에 베들레헴 바이블 칼리지(이하 BBC)를 빚어냈다. 그래서 BBC는 20달러의 기적으로도 불린다.

1979년까지만 해도 베들레헴 땅의 기독교인들이 성경을 공부할 만한 기관은 거의 없었다. 이들 크리스천들은 해외로 나가 성경을 공부했고, 이 중 많은 사람들이 해외에 정착해 다시는 돌아오지 않았다. 이렇게 현지인들이 성지를 떠나가는 현실을 우려한 비샤라 씨는 베들레헴에 성경을 공부할 수 있는 기관을 설립하고자 했다.

그는 맨 처음 지급받은 20달러에 절망하지 않고 빈 학교

학교의 사역을 조곤조곤 설명해 주시는 베들레헴 바이블 칼리지의 알렉스 교수님. 이분은 설립자인 비샤라 아와드 씨의 형제다.

교실에서 사람들을 모아 성경을 가르치기 시작했다. 사람들이 많아지자 건물이 필요했고, 이 사람들은 베들레헴에서 무료로 건물을 하나 빌렸다. 5년 동안 무료로 사용하고 기간이 지나면 건물을 사는 조건이 붙었다. 놀랍게도 이 공동체의 사람들은 5년 후에 180만 달러를 무사히 지불해 이 건물을 샀고, 그렇게 BBC가 탄생했다. 이를 설명하는 직원 다니엘 아클레^{Daniel Aqleh} 씨는 하나님이 이 모든 걸 도우셨다며 자랑스러운 얼굴을 했다. 180만 달러라는 어마어마한 금액을 지불했다는 말에 나도 "정말요?"를 내뱉었다.

이후 35년이 지났지만 BBC의 비전은 한결같다. 이 성지에서 그리스도인 공동체가 사라지지 않도록 사람들을 결속시키는 것이다. 물론 이 땅에서 그리스도를 섬길 그리스도인을 양성하는 것도 중요한 비전이다. 그래서 졸업생들로 하여금 현지 교회를 돕고 복음을 선포하도록 장려하는 것이다. BBC의 꿈을 다소곳하게 설명해준 알렉스 아와드^{Alex Awad} 교수님은 놀랍게도 35년 전에 학교를 설립한 비샤라 아와드 씨의 형제였다. 졸업생들이 지역 사회에서 교회를 열심히 섬기고 사람들과 복음을 나누고 있다는 소식을 들을 때 가장 행복하다는 알렉스 교수님. 이런 소식을 들을 때마다 지금까지의 노력이 결실을 맺은 것 같아 행복하다며 하나님께 공로를 돌렸다.

물론 어려운 때도 있었다. 무엇보다도 점령하에 있다 보니 눈물 나는 일들도 벌어진다. 2000년대 초반 2차 인티파다가 한창 진행 중일 때는 이스라엘 당국이 베들레헴 전체를 폐쇄해

BBC에서도 학생들을 가르칠 수 없었다. 하지만 교수진은 몰래 학생들을 교육하며 그 불씨를 계속 지켰다. BBC는 이 기회를 통해 지역 사회에 음식과 의료품을 공급하며 그리스도의 사랑을 사람들에게 보여 주었다고.

전교생이 100명이 채 안 되는 작은 대학이지만 분위기는 정말 훈훈했다. 작은 대학이다 보니 다들 서로를 알고 지내는 분위기였다. 자신의 학교가 마음에 드냐는 질문에 한 명도 빠지지 않고 망설임 없이 고개를 끄덕이며 "그럼!"이라고 받아 쳤다.

사람들은 한 시간도 안 되어 절친한 친구처럼 나와 장난을 치며 놀았다. 학교 로비는 금세 시끌벅적해졌고, 학교 직원들도 무슨 일인가 하고 밖으로 나와 로비를 살폈다.

사실 이 학교에도 소수의 무슬림들이 다닌다. 전교생 중
단 5명이다. BBC에서 유일한 무슬림 여학생이라는 나리만
아디^{Nareeman Adi}는 무슬림인데도 이 학교가 괜찮냐는 질문에
망설임 없이 "문제 없어! 우린 다들 형제자매인걸!"이라고
소리쳤다. 그리고는 옆에 있던 기독교인 친구들과 까르르
웃었다. 베일을 쓴 나리만과 십자가 목걸이를 한 친구들이
허물없이 웃고 떠드는 모습은 베들레헴 대학교에서 본 것과는
다른 감동이었다. 내가 한국에서 왔다고 하니, 학교 사람들은
"안녕", "잘 지내?", "바보"를 한국어로 어떻게 말하냐고 물었다.
한 여학생은 "바보"라는 단어가 맘에 들었는지 지나가는
친구들에게 "Hi, 바보!"를 외치며 깔깔댔다.

수업 시간도 베들레헴 대학교보다 더 들뜬 분위기에
자유로웠다. 초코바를 꺼내 먹기도 하고, 옆 친구와 토론하거나
자리를 옮기기도 했다. 그래도 거리낌없이 자신의 생각을
말하는 건 베들레헴 대학교나 BBC나 똑같았다. 내가 들어간 날
사람들은 이슬람에 관한 내용을 배우고 있었다.

죄다 아랍어로 진행돼서 아무것도 알아들을 수 없었지만
자유롭고 참여적인 분위기는 베들레헴 대학교 이상이었다.
그러다가도 갑자기 언성이 높아지며 교실이 시끄러워질 때는
나도 바싹 긴장했다. 교수님은 목소리를 높이며 고래고래
소리를 지르는 듯했고, 학생들은 그걸 받아 치며 유창한
아랍어로 대답했다. 조금 불편해하는 나를 의식했는지 옆에

베들레헴 바이블 칼리지의 새 건물. 이슬람화된 베들
레헴에서 이렇게 큰 십자가를 보는 건 여간 반가운 일
이 아니었다.

앉은 친구가 상황을 설명해 주었다. 교수님이 시리아, 이집트 사태를 논하면서 "이슬람 종교 자체에서 이 사태가 비롯된 게 아니라, 사람들이 종교를 이용해 자신의 의도를 덮으려 한 것"이라고 말씀했다는 것이었다 (교수님은 크리스천이었다).

베들레헴 바이블 칼리지에서 만난 사람들은 나로 하여금 이 땅의 희망을 보게 해 주었다. 동시에 어두운 것만 보이는 베들레헴 땅에서 불평하는 내 모습을 부끄럽게 만들기도 했다. 비록 작은 공동체이지만, 빠르게 증발해가는 이곳 기독교 공동체를 위한 기관이 있다는 사실에 마음이 조금이나마 놓였다.

사실 이 대학을 생각하면 베들레헴의 또 다른 크리스천 학교인 '예루살렘 스쿨'이 생각난다. 같은 크리스천 학교지만 학교의 철학은 전혀 달랐기 때문이다. 예루살렘 스쿨에서 만난 교장 선생님은 학생들이 해외로 무리해서 나가더라도 양질의 교육을 제공하고 최대한 많은 기회를 허락하고 싶다고 했다. 성지에서 기독교인이 떠나가는 건 안타까운 일이지만, 본인이 원할 때 떠날 자유도 분명히 있다.
이런 점에서 이 땅에서는 크리스천이 떠나는 것을 막는 것보다, 떠나고 싶지 않게 만드는 노력이 더 절실할 것 같다.

우리는 무슬림을 전도하지 않습니다

내가 공부한 베들레헴 대학교는 홍보 영상에서 자신을 희망의
요람이라고 부른다. 실제로 베들레헴 대학교는 가슴 아픈
이 분쟁의 땅에서 기독교가 제대로 된 역할을 해야겠다는
책임의식에서 나온 열매이자 빠르게 성지를 떠나가는 아랍
크리스천들을 붙들기 위해 1973년에 설립되었다. 140여 명의
학생으로 시작한 베들레헴 대학교는 오늘날 전교생 3,000명이
넘는 학교로 성장했다.

하지만 점령하에 있는 대학이다 보니 이스라엘의 우산 아래에서
자유롭지 못한 건 사실이다. 1차 인티파다 때는 이스라엘에
의해 3년 동안 수업 금지 처분을 받기도 했고, 2차 인티파타가
한창일 때는 캠퍼스에 미사일까지 떨어졌다. 하지만 2002년에

도시 전체가 폐쇄되어 24시간 통금이 내려졌을 때도 교수진은 사명감 하나로 몰래 학생들을 가르쳤다. 그렇게 꺼지지 않고 이어진 교육에의 열정은 오늘날까지 불타 왔고, 2013년에는 성대한 40주년의 해를 맞이했다. 물론 베들레헴 대학교의 또 다른 중요한 역할은 빠르게 떠나는 기독교인들을 공동체 안에 귀속시키고 함께 연합시키는 일이다.

베들레헴 대학교가 의미 있는 사역이고 우리가 이 땅에서 추구해야 할 미래의 방향임은 분명하다. 하지만 한창 베들레헴의 우울한 모습을 발견해 나갈 때는 회의감에 사로잡히기도 했다. 이때 떠오른 이미지는 폐허가 된 땅에 꽃 한 송이를 심는 그림이었다. 훌륭한 사역이지만 교문 밖 현실은 너무나 어두웠기 때문이다. 이스라엘에 철저히 종속된 팔레스타인 경제, 성장하고 싶어도 마음껏 성장할 수 없는 팔레스타인 경제를 위해 투어리즘을 가르치고 경영 경제를 가르치는 게 과연 효과적인 일일까? 이 학생들이 졸업하고 나서 어떻게 사회를 더 낫게 만들 것인가? 허가증 없이는 서안지구 밖으로 나갈 수도 없는데? 학교에서 한 발만 딛고 나가도 수십만의 가난한 팔레스타인인들이 삶을 위해 투쟁하고 있지 않은가? 나는 이런 회의감에 사로잡힌 나를 발견하고는 놀랐다. 그렇다고 해서 아무 일도 안 하는 건 더 어리석은 일이라는 생각으로 나 자신을 다잡았다. 하나님도 분명 이런 사역을 하는 사람들의 중심을 보시지, 결과만으로 이 사람들을 판단하지 않으신다.

하지만 이곳에서 공부하며 나는 고개를 갸우뚱할 때가 많았다.
명색이 기독교 학교인데 전교생의 71%가 무슬림이었기
때문이다. 미션스쿨로서 무슬림들의 지적 수준을 높이고 마는
거라면 대체 무슨 소용이 있을까 하는 회의가 자연스럽게
올라왔다.

물론 베들레헴 대학교에는 신학 입문, 구약학, 기독교 교리,
기독론 등 10가지의 기독교 과목들이 있다. 하지만 이 과목들은
선택과목이기 때문에 무슬림들이 이 과목을 선택할 가능성은
높지 않다. 이들 수업을 통해 예수를 알아갈 수는 있겠지만,

베들레헴 대학교의 부총장 피터 브레이 박사님. 가톨릭 신자로서 나와는 조금 다른 신앙관을 견지하고 있었을지 모르지만, 그의 사역이 복음의 열매라는 데는 의심의 여지가 없었다.

예수를 영접하길 기대하는 것은 무리다. 무슬림들이 복음에
대해 전반적으로 배울 수 있는 거의 유일한 기회는 필수 과목인
문화 종교학Cultural Religious Study이다. 사실 이 과목에서 예수에 대해
배우는 것도 학기의 절반이다. 절반은 이슬람 교육에, 절반은
기독교 교육에 수업을 할애하기 때문이다. 팔레스타인에
있는 대학인 만큼 이슬람 교육만은 대학에 요구되는 필수
사항이라고.

나는 무슬림이 압도적으로 많은 현실에 관해 조금 심난한
얼굴로 학교 관계자분과 대화를 나누었다. 그리고 나는
이분들의 대답에 고개를 끄덕일 수밖에 없었다. 무엇보다도
부총장을 지내는 피터 브레이Peter Bray 박사님과의 대화는
한국인의 관점에서 생각했던 나의 자세를 꼬집어 주었다.
무슬림 학생이 70%인 현재, 기독교 대학으로서의 정체성에
대해 어떻게 생각하냐는 질문에 박사님은 말씀했다.

"팔레스타인 전체에는 1~2%의 기독교인이 있습니다. 우리
대학교는 기독교인들을 모으는 데 주력했고, 그 결과 전교생의
30% 정도에 달하는 기독교인을 모았습니다. 팔레스타인 전체를
고려할 때 이는 결코 적은 수치가 아니죠.

무엇보다도 중요한 점은 우리 학교의 목표가 무슬림을 비롯한
모든 사람들이 자유롭게 공부하는 환경을 만들기 위해
노력한다는 점입니다. 우리 학교의 목표는 요한복음 10장

10절입니다.

'도둑은 다만 훔치고 죽이고 파괴하려고 오는 것뿐이다. 나는
양들이 생명을 얻고 또 더 넘치게 하려고 왔다.'
예수님은 이 구절에서 자신이 왜 내려왔는지를 말씀합니다.
바로 이 말씀이 우리 학교의 정체성입니다. 사람들로 하여금
각자의 삶을 최대한으로 살아낼 수 있게 돕는 것이죠.
우리는 다양성에 대한 강한 목표를 지니고 있습니다. 우리의
철학을 잘 보여 주는 사례는 지난해에 졸업한 무슬림
여학생입니다. 헤브론에서 자란 그녀에게는 이슬람이
그녀의 전적인 배경이었습니다. 그리고 베들레헴 대학교에서
기독교인을 처음으로 만났습니다. 그녀는 기독교인이
자신의 신앙 체계를 설명하는 것을 듣고는 한 걸음 물러나
무슬림으로서 어떤 위치에 서 있는지를 재정비해야 했습니다.
이 과정에서 그녀는 기독교인을 통해 더 나은 무슬림이
되었다고 말했지요. 그래서 영국에서 열린 한 컨퍼런스에서
다음과 같이 말했습니다. '성지로부터 기독교인들이 떠나게
내버려 두어서는 안 됩니다. 무슬림을 더 나은 무슬림으로
만들기 위해서라도 성지에 기독교인을 유지시켜야 합니다.'

실제로 베들레헴 대학교에서는 기독교인과 무슬림이 서로
대화하고 교재하며 서로를 풍성하게 하고 있습니다. 서로를
존중하며 이해하는 법을 배우는 것이죠. 예를 들어, 문화종교학
수업 시간에는 두 종교의 학생들이 같은 교실에서 서로의
신앙 체계를 배우고 이들을 이해하는 법을 배웁니다. 우리는

물론 기독교인들을 교육시키는 데도 초점을 두고 있지만, 두 종교인들이 서로를 이해할 수 있도록 하기 위해서도 노력합니다. 이 학교에서 다른 신앙인들이 어깨를 맞대고 생활하며 서로를 이해하는 법을 배운 후, 자신의 공동체에 돌아가 이들이 상대방에 대해 가졌던 편견을 버리도록 도와주길 기대하기도 하죠."

미션 스쿨로서 무슬림에게 복음을 전하는 일을 어떻게 하냐는 질문에도 부총장님의 입장은 명확했다.

"우리는 무슬림을 전도하지 않습니다. 우리는 예수의 사명을 살아내고 기독교적인 가치와 임무를 실천하는 것이죠. 이 (이슬람) 문화권에서 우리는 무슬림을 기독교인으로 만들려고 하지 않습니다. 사실 나는 이러한 계획에 반대하는 입장입니다. 위험할 수 있기 때문이죠. 우리 학생의 무슬림 학부모들은 우리 학교를 신뢰하고 있습니다. 우리가 무슬림 학생을 개종시키려고 한다는 소문이 들어간다면 우리는 신뢰를 잃을 수 있습니다. 다시 강조하지만, 우리의 주 목적인 복음의 메시지를 살아내는 것입니다."

처음 왔을 때 이해되지 않았던 점들이 이제 이해되기 시작했다. 가끔 베들레헴 대학교가 복음으로서 죽은 게 아닌가 하는 생각을 하곤 했지만, 부총장님과 대화하며 이 학교의 고민을 엿보았기 때문이다. 어떻게 보면 베들레헴 대학교는 복음이

'연합하라'. 이제는 이 글씨가 나에게 말을 걸기 시작했다. 이 학교를 세우며 절실한 마음으로 선택했을 문구가 아니었을까?

퍼지기 위한 터를 닦는 작업을 하고 있는 셈이었다. 기독교인, 무슬림들이 서로에 대해 가지고 있는 편견을 버리고 서로를 이해하는 것이 선교의 중요한 땅 다지기가 되기 때문이다. 나는 '가톨릭 학교라서 이렇게 자유주의적인 건가?' 생각했던 기억이 나 부끄러워졌다.

사실 98% 이상이 무슬림인 팔레스타인에서 기독교 대학으로서의 정체성을 유지하며 수많은 무슬림 학부모의 신뢰를 받는 것 자체만으로도 보통 일이 아니다. 금요일에 수업을 하는 시스템에도 불구하고 무슬림 학부모들이 자녀들을 이곳에 보낸다는 건 의미하는 바가 크다. 무슬림에게는 금요일이 모스크에 모이는 '주일'이기 때문이다.

나는 비둘기처럼 순진하고 뱀처럼 지혜로워져야 한다는 말씀을 떠올렸다. 무슬림이 압도적으로 많은 이 서안지구에서 공격적으로 복음을 전하는 건 공동체를 파괴하는 일일지 모른다.

대학교가 서 있는 문화권을 고려할 때, 이 땅에서 강하게 복음을
가르치는 건 절에 뛰어들어가 "예수 천국 불신 지옥"을 외치는
것과 비슷하다. 아니, 여기서는 그것보다 훨씬 더 위험한 처사다.
나는 그제서야 베들레헴 대학교의 고민을 이해하기 시작했다.

제대로 된 복음을 배우는 기독교인들과, 예수와 성경을 배우는
무슬림들이 이 학교를 통해 존재한다는 사실은 고무적이다.
특히 기독교인들이 학교에서 성경 과목을 배우면서 조금이라도
자신의 신앙에 대해 생각해 보고 이슬람과의 관계를
고민한다면 그 자체로 의미가 있다. 무엇보다도 무슬림들도
교육의 수혜를 받을 자격이 있다. 복음을 살아 내며 교육을
통해 하나님 나라를 지상에 옮겨 놓는 것 자체가 귀한 일은
아닐까. 그리고 이를 통해 이 사람들이 조금이나마 마음을
열고 예수에 대한 편견을 버릴 수 있다면 그 자체로 의미가
있을 것이다. 그리고 이 작업이 신음하고 있는 팔레스타인 땅의
복음화를 위한 기초 작업이라는 데는 의심의 여지가 없다.
단 기독교 학교로서의 정체성을 명확히 해야 이 땅의 소금의
역할을 감당할 수 있을 것이다. 등록금을 제공하는 과반의
무슬림 학부모의 기분을 상하지 않게 하기 위해 학교의
정체성을 양보한다면 베들레헴 대학교는 일반 팔레스타인
대학과 다를 게 없는 상황에 처할지도 모른다. 다양성을
지나치게 존중해 종교 다원주의에 빠져서는 더더욱 안 될
것이다. 나는 뱀과 같이 지혜롭고 비둘기처럼 순진해지라는 성경
말씀을 다시 떠올렸다.

이후 무심코 지나치던 우리 학교의 표어 'INDIVISA
MANENT(연합하라)'가 더욱 처절하게 느껴졌다. 본관 앞을
장식하고 있는 이 글씨를 보면서 "영어는 아닌 것 같은데……"
하며 무심코 지나치곤 했다. 하지만 학교 관계자분들과 대화를
나누면서 이 글씨들이 점점 생기를 띠며 나에게 말을 거는 것만
같았다. 무슬림과 크리스천의 연합을 의미할 수도 있고, 이 땅을
떠나는 크리스천에게 외치는 말일 수도 있다. 나는 양쪽에 다
마음이 간다.

선 교 는 논 리 가 아 니 다

선교에 대한 내 사고방식을 완전히 바꾼 두 선교사님 가정이
있었다. 윌리엄 선교사님과 션 선교사님 가정이다. 낯선 땅인
베들레헴에 처음 온 나를 가장 챙겨 준, 그리고 영적으로 큰
도움을 준, 부모님 같은 분들이다.

공항에서 비자를 받으면서 고생했다는 이야기에 "이 친구,
기도가 부족했던 거 아냐?"라는 농담을 던진 윌리엄 선교사님은
장난기가 충만한 분이다. 하지만 늘 하나님과 동행하는
사람이었다. 나는 이분의 조언을 들으며 늘 하나님께 구하고
소통하는 삶이 무엇인지를 더 깊게 배웠다. 아버지 같은
하나님의 모습과, 늘 사랑으로 우리를 인도하시기 원하는
하나님의 모습을 이분들의 삶을 통해 엿보았다.

한때 사업가로 큰 돈을 벌었다는 윌리엄 선교사님은 30대에
예수님을 만나 삶의 방향이 바뀌었고, 부르심을 받아
베들레헴에 오셨다. 부르심을 받은 이야기를 나누며 늘 "내가
지금 여기 와 있을 줄 그땐 누가 알았겠니"라며 웃어 보이곤
했다. 크리스천 가정에서 태어난 사람들이 부럽다는 윌리엄
선교사님은 어렸을 때부터 하나님과 교제하며 자랐더라면 더
나은 그리스도인이 되어 있을 거라며 진심 어린 눈빛을 날리곤
하셨다. 아직은 언어를 배우고 현지인과의 관계를 쌓는 견습
선교사 기간이지만, 열 가정이 넘는 현지인과 교제하고 있고,
정기적으로 이들 가정을 방문하신다. 이들 가정 중 세 가정에는
이미 복음을 전했다. 최근에는 비르제이트 공립학교에서
자율활동 시간을 허락받아 팔레스타인 공립학교에서도 사역을
시작했다. 지금 하고 계신 사역을 늘 기도로 준비하는 윌리엄
선교사님 가정은 내가 보기에 '초인'과도 같았다.

션 선교사님은 건축을 공부한 건축학도 선배이다. 윌리엄
선교사님과 달리 션 선교사님은 진지하고 조심스러운 분이었다.
션 선교사님 가정의 제1 전도 대상은 하심 씨다. 하심 씨는
크리스천 가정에서 태어났지만 무슬림 아내(그녀의 오빠가 이슬람
성직자 이맘이었다)를 만난 이후 무슬림처럼 살아 온 베들레헴
아저씨다. 처음 만났을 때는 자신을 무슬림이라고 소개했다는
하심 씨의 집은 이슬람 장식과 기독교 장식이 섞여 이상한
분위기를 풍겼다고. 하지만 션 선교사님 가정을 만나고 변화의
바람이 일고 있었다. 잠깐 하심 씨의 이야기를 나누고 싶다.

하심 씨는 전직 경찰관이었다. 하지만 직업을 잃고 가난한
삶으로 인해 낮은 자존감에 시달리고 있었다고. 션 선교사님
가정은 하나님의 기도 응답으로 이 사실을 직접 알게 되었고,
이분 가정은 하심 씨에게 편지를 써서 하나님께서 보여 주신
것을 전해 주었다. 10대에 하나님을 떠난 이후 14년 동안 이
사람을 기다려 왔다는 하나님의 응답도 편지에 적었다고.
당시만 해도 아랍어를 말하는 게 힘들어 편지를 택한 것이었다.
여자가 남자에게 편지를 쓰는 일이 무례할 수도 있다는
현지인의 만류에 걱정도 했었다. 하지만 편지를 읽은 하심
씨는 자신의 마음을 읽힌 것 같은 표정으로 웃었고, 며칠
뒤에 답장을 주었다. 답장에는 성경 말씀이 인용되어 있었고,
예수님이 자신을 만나기 원한다면 기꺼이 만나고 싶다는 내용이
빼곡히 적혀 있었다.

이후 션 선교사님 가정은 두려움을 버리고 하나님께서 보여
주시는 대로만 하면 된다는 확신을 얻었다고 한다. 최근에는
자발적으로 교회에도 나갔다는 하심 씨는 예수님이 자신의
마음을 편안하게 했다며 예수님이 의사보다 낫다는 말도
해주었다. 이후 션 선교사님 가정은 하심 씨에게 성경책도
선물해 주었다. 선교사님 가정이 한 사람의 삶에 변화를
일으키는 걸 목격하는 것만 같았다. 하나님께서 이 사람이
유능한 전도자가 될 거라는 응답을 주셨다고 말하는 션
선교사님의 사모님은 누구보다도 진지했다.

운 좋게 하심 씨의 집에 초대받아 다 함께 가정 방문을 한 날이
있었다. 윌리엄, 션 선교사님 두 가정이 모두 방문한 자리였다. 첫
만남이라 어색했고 아랍어를 할 수 없어 아쉬웠지만, 분위기는
더없이 따스했다. 하심 씨도, 그의 아내와 그의 자녀들도
처음 보는 나를 반갑게 맞이하며 악수를 청했다. 나는 금방
긴장을 풀었고, 하심 씨의 가족들과 눈을 마주치며 미소 짓기
시작했다. 처음 하심 씨의 이야기를 들었을 때 나는 '하심
씨를 무슬림으로 만들어 버린 그 아내분이 대체 누구길래!'
하며 야릇한 원망감을 느끼곤 했다. 하지만 직접 만난 그분은

하심 씨의 가족. 처음 방문한 가정에서 사진을 찍는
게 무례하지는 않을까 하고 조심스럽게 카메라를 꺼
냈던 나는 활짝 웃으며 포즈를 취해 주는 모습에 "슈
크란(감사합니다)"을 연발했다.

순박하고 웃음 많은 평범한 무슬림 아주머니였다. 은연중에
이 여인을 미워했던 나 자신을 되돌아보며 나는 부끄러움을
느꼈다. 나는 하심 씨가 권하는 과자를 계속 받아 먹으며
맛있다고 외쳤다. 옆에서는 윌리엄 선교사님이 현지인에게
마사지를 해주고 있었다. 그 옆에서 아랍어로 수다를 떠는 선
선교사님 내외까지, 서로 점점 가까워지는 분위기였다.

집 안을 둘러보았다. 이슬람을 상징하는 캘리그래피와 장식이
군데군데 보였다. 그리고 기독교 그림이 담긴 액자와, 크리스마스
트리도 보였다.

복음을 살아내기

사실 이들 선교사님을 보며 회의감에 잠길 때도 있었다.
베들레헴 대학교에서 철학을 배울 때와 비슷한 회의감이었다.
'무슬림으로 가득한 이 거대한 베들레헴을 두 가정이 섬겨서
뭐가 달라질까? 지금 밖에 나가도 수천 명의 무슬림이 거리를
활보하고 있는데……' 하는 생각이었다. 하지만 진심으로
하나님께 매달리고 그분의 일에 참여하는 이분들을 볼 때마다,
그런 생각을 했던 나 자신을 되돌아보고 얼굴을 붉혔다.
이분들의 선교 철학은 "우리가 무슬림을 전도하는 게
아니다"였다. 하나님께서 자신의 역사에 이분들을 끼워
주신다는 것이 이분들의 선교 철학이다. 모든 일은 하나님께서
하시고, 이분들은 하나님의 도구로 사용받는 것이다. 주권은

하나님께 있으니 그저 하나님만을 의지할 뿐이다. 이를 위해
매일 밤 9시부터 3~4시간을 할애해 함께 기도한다.
하지만 가끔씩은 바가지를 씌우거나 못마땅한 일을 하는
현지인을 미워해 무너질 때가 있다고 고백하는 인간적인
사람이기도 했다. 외국인이라는 이유로 바가지를 씌우거나,
자신에게 이해할 수 없는 행동을 하는 사람들을 순간적으로
미워하곤 하기 때문이다. 이 순간적인 마음도 죄라는 걸
인식하고, 무너질 때마다 죄를 고백한다고. 윌리엄 선교사님이
말씀했다. "내가 저 무슬림들을 어떻게 사랑하겠니. 나한테
잘해 주고 좋아해 주는 사람만 사랑하지. 그건 아무나 하잖아.
여기 사람들 사랑하는 건 다 주님이 주시는 마음이야."

나는 베들레헴에서 이분 선교사님들과 지내며 선교에 대한
생각이 많이 바뀌었다. 이분을 만나기 전, 나는 논리에 의존하고
있었다. 즉 성경이 사실이고 믿을 만한 이유를 변증하는 데
초점을 두고 있었다. 하지만 나는 종교적으로 네가 맞느니 내가
맞느니 하는 논쟁은 서로의 마음만 상하게 한다는 걸 배웠다.
선교는 논리로 사람들을 이기는 게 아니었다. 오히려 예수를
삶으로 보여 주고 무슬림들을 감동시켜 이들이 예수에게
돌아오도록 하는 것이었다.
기독교는 종교가 아니다. 사람이 만들어 낸 것이 아니라
하나님이 시작하신 역사 그 자체이기 때문이다. 이런 확신을
가지고 그리스도의 사랑을 보여 주는 것이 선교라는 단순한
진리를 이 땅에서 선교사님을 통해 비로소 깨달았다.

단단한 이슬람식 신관을 갖고 있는 사람에게 성경의 사본이 이렇게 정확하느니 하는 논의는 별 소용이 없다. 그것마저 기독교인이 왜곡한 거라고 믿으면 그만이고, 쿠란의 '진리'에서 떠나게 하려는 악마의 계략이라는 믿음 하나로 몰아붙일 수 있기 때문이다. 이 사람들을 전도하는 건 삼위일체니 하는 논리가 아니다. 사람의 논리로는 할 수 없는 일이다. 예수가 살았던 삶을 살아 낸 사람들의 마음을 감동시킬 때 무슬림들이 성령을 받아들일 준비가 되는 것이었다. 그리고 이 모든 것은 하나님이 주관하신다.

무슬림들은 10월에 희생제물을 바치는 명절을 지킨다. 아브라함이 자신의 아들(이슬람 경전에 따르면 이스마엘)을 바쳤던 그 믿음을 기념하여 이들도 동물을 잡고 가족들과 모여 축제를 즐긴다. 하지만 정작 이 사람들은 희생제물의 의미를 모르고 있다. 온 인류의 죄를 대신해서 죽는다는 것의 숭고한 의미를 이 사람들은 모른다.
이슬람에는 원죄 사상이 사실상 없다. 인류 최초의 타락은 아담과 하와에게 국한되었고, 이들은 이에 대한 대가를 치름으로써 용서받았다고 믿는다. 아담과 하와가 악의가 아닌 '망각'으로 죄를 범했기 때문에 온 세상이 이렇게 망가질 정도로 큰 죄를 범한 것이 아니라는 것이 이슬람식 해석이다. 따라서 인간은 선한 본성을 가지고 태어나며, 선한 일을 더 많이 행함으로써 심판의 날에 구원을 얻을 수 있다는 것이 쿠란의 가르침이다. 자력 구원에 가까운 신앙관이다. 따라서

무슬림들은 예수가 죽을 필요가 없었으며 죽지도 않았다고
믿는다.

매년 이렇게 성대하게 '희생' 제사를 치르면서 여기 얽힌 희생의
필요성과 죄의 끔찍함은 알지 못한다는 건 안타까운 일이다.

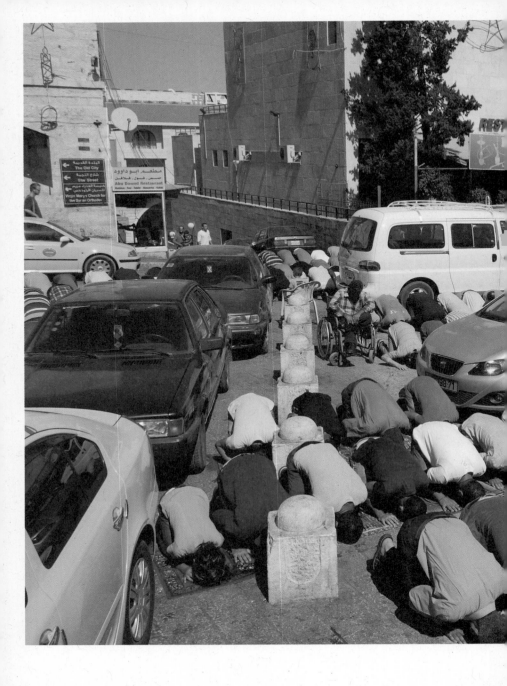

금요일 기도 시간에 광장에 모여 기도를 올리는
는 무슬림들도 금요일만큼은 경건하게 기도를 을
황했던 기억이 난다. 기도에 열중하는 사람들을
총 걸어 지나가도 될까 해서였다.

림들. 평소에 기도를 잘 올리지 않
처음 이 사람들을 마주했을 때 당
게 미안했고, 이 사람들의 앞을 총

진 정 한   평 화 는   언 제 쯤

베들레헴에 진정한 평화는 언제쯤 찾아올까? 하나님의 구원
역사의 꽃, 그리스도가 내려온 땅이지만 베들레헴은 점령과
증오로 하루가 다르게 망가져 가고만 있다. 지금까지 순수 유대
국가를 목표로 정책을 펼쳐오고 있는 이스라엘은 결코 책임을
피할 수 없다. 지금까지 2,000여 년 동안 학대당해 온 유대인인
만큼, 자신을 괴롭힐 어떤 민족도 없는 유대 국가를 꿈꾸는
일은 자연스러운 일일지도 모른다. 난민으로서 영적 고향인
팔레스타인 땅에 도착한 후에도 지배 세력의 탄압, 그리고
토착민과의 갈등과 끊임없이 투쟁해야 했던 유대인이었다.

하지만 그 반대편에는 팔레스타인 사람들이 있다. 이스라엘의
점령과 서방 국가, 그리고 주변 아랍 국가들의 손놀림으로

불행해진 팔레스타인 사람들. 이들은 조상 대대로 뿌리박고
살아 온 고향을 빼앗겼다. 이 사람들에게는 유대인들을
받아들이는 것부터 쉽지 않은 일이다. 결국 두 민족 간의
폭력은 꼬리에 꼬리를 물고 이어져 왔다. 사실 어느 한쪽이
아주 깨끗하다고 말할 수는 없다. 이스라엘과 팔레스타인 진영
모두 정의롭지 못한 방법으로 서로에게 맞서 왔기 때문이다.
팔레스타인 무장단체에게 있어 이스라엘 민간인 공격은 자신의
영토를 빼앗은 데 대한 복수이고, 이스라엘의 군사작전과
억압은 안보를 위한 대응책이다. 오늘날 억압자로서의
이스라엘에게 더 큰 책임이 있음은 분명하지만 그 어느 쪽도
결백하지는 않다.

하지만 군사력과 폭력으로는 절대 완전한 평화를 일굴 수 없다.
오히려 전 세계의 유대인에게는 전쟁 범죄를 합리화할 구실을
제공하고, 전 세계의 무슬림들에게는 지하드의 명분을 강화할
뿐이다. 반유대주의의 악몽이 현재 이스라엘의 일방주의 정책을
정당화할 수도 없다. 현재로서는 군사작전과 온갖 검문소가
이스라엘에게 필요악일지라도, 현 상태를 영원히 지속할 수는
없는 법이다. 주변 아랍 국가보다 월등한 군사력을 자랑하는
이스라엘이지만, 지금도 이스라엘 시민들은 불안감에서
살아가고 있다. 강력한 군사력이 평생 지속되리라는 보장은
더더욱 없다. 게다가 미국의 패권이 언제까지 유지될지,
언제까지 미국이 이스라엘을 편들지, 그리고 아랍(및 이란)
국가 간의 분열이 언제까지 계속될지는 아무도 모른다.

"테러리스트", "테러 국가"라는 단어로 서로를 악마화하며 자신을 의로운 피해자로 포장하는 전술도 임시방편일 뿐이다. 금속탐지기, 경비원, 검문소, 군사지역이 이 갈등의 궁극적인 해결책이 아니다. 갈등의 뿌리인 땅 문제로 내려가 양쪽 모두가 공존하도록 하는 방법이 궁극적인 해결책이다. 이런 점에서 더 늦게 전에 양쪽이 서로를 용서하고 땅을 공유해야 한다.

악은 악을 낳을 뿐

사실 제3자의 입장에서 용서와 공유를 외치는 건 참 무책임한 일일지 모른다. 특히 상상할 수 없는 힘의 불균형 앞에 놓인 약자 팔레스타인 사람들에게 무작정 이스라엘을 용서하라고 하는 건 더더욱 무책임하다. 이 사람들은 가족의 땅을 빼앗기고 거주와 이동의 자유를 박탈당했다. 그리고 누군가의 가족은 점령에 저항하다가 감옥에 수감되거나, 세상을 떠났다. 한때

출처: www.muslimsarenotterrorists.com

성행했던 자살폭탄테러도 이스라엘의 강력한 군사력과 군홧발 앞에서 느낀 극도의 절망감과 분노의 발현이었다. 이 사람들의 시각에서는 대(對) 이스라엘 투쟁·테러가 자유를 향한 용감한 투쟁이자 순교이다.

팔레스타인 땅의 잠식 과정을 미국 땅에 빗댄 포스터. 아래 문구는 미국인들에게 "어떤 기분일까요?"라고 묻고 있다. 2014년 이스라엘의 가자지구 공습이 한창일 때 무슬림 단체에 의해 제작된 포스터이다.

물론 이스라엘도 자신의 목소리를 가지고 있다. 씻을 수 없는
트라우마를 간직한 유대인들은 많은 상황에서 자신을 희생자로
간주하기 마련이다. 시리아, 이란, 레바논 등의 적대 국가와, 언제
돌아설지 모르는 요르단과 이집트에 둘러싸여 있는 이스라엘의
제1 관심사는 바로 안보다. 이스라엘 국방부가 2014년에 "70%의
이스라엘 시민들이 (팔레스타인 무장단체의) 로켓 사정권에 있다"며
공습을 선전한 포스터만 보아도 알 수 있다. 팔레스타인
사람들이 투쟁을 멈춘다고 해도 이들을 믿지 못하는 형국이다.
팔레스타인 진영을 자극해 안보 이슈를 일으킴으로써 집권을
장기화하려는 이스라엘의 극우 정당은 이 문제를 최대한
활용하고 있다.

그럼에도 불구하고 현재 선택할 수 있는 가장 현명한 방법은
공존뿐이다. 양쪽이 서로를 용서하는 쌍방향의 용서가
필요하다. 악은 악을 낳고, 폭력은 폭력을 낳을 뿐이다.
유대인의 이주 초기부터 그랬다. 이주 초기에 팔레스타인에
들어오는 유대인과 공존하려
하지 않았던 팔레스타인
토착민들과, 토착민을
몰아내며 유대인만의
배타적인 권리를 주장한
민족주의 유대인 단체로 인해
양쪽의 극단적인 세력들만
득세했기 때문이다. 끝까지

출처: IDF Spokesperson

이스라엘 땅으로 날아오는 하마스의 로켓을 런던에
적용한 포스터. 영국인들에게 "어떻게 하시겠습니까?"라고
묻고 있다. 2014년 이스라엘의 가자지구 공습이 한창일 때
이스라엘 국방부에 의해 제작되었다.

초기 이스라엘과 협상하지 않고 유대 국가를 인정하지 않은 팔레스타인 지도자와 일부 민중 그리고 아랍 국가들이 상황이 이렇게까지 치닫는 데 큰 역할을 했음도 부정할 수 없다. 1967년 이후 이스라엘의 점령과 팔레스타인의 폭력적인 저항, 그리고 이에 대한 진압과 그에 맞선 폭력은 말할 것도 없다. 이스라엘은 수차례 가자지구를 공습해 하마스의 본거지를 파괴하고 사람들을 살해했지만, 하마스는 부활에 부활을 거듭해 왔다. 이스라엘 군의 공습과 총격에 쓰러지는 가족들을 보는 가자 시민들의 트라우마는 증오로 이어지고, 이들이 미래의 하마스 '전사'로 거듭나는 것이다. 그렇게 이스라엘을 향해 날아오는 하마스의 로켓은 계속되고, 이스라엘의 공습은 다시 시작된다. 안타깝지만 이것이 2008년부터 지금까지 이어져 오고 있는 시나리오이다. 2008년부터 2012년까지 하마스를 무장 해제시키기 위한 세 차례의 대규모 군사 작전이 가자지구에 피바람을 몰고 왔지만, 하마스는 무너진 집과 난민촌에서 '순교자 자원병'을 너무나 쉽게 모집하며 매번 부활했다. 그리고 2014년 전례 없는 대규모 군사작전^{Operation Protective Edge}이 가자지구를 초토화하며 2,100여 명의 목숨을 앗아 갔다. 이스라엘의 가자 봉쇄가 끝나지 않는 이상, 그리고 하마스의 경직된 투쟁 노선이 끝나지 않는 이상 계속 이어질 피의 시나리오이다.

양쪽 모두 상대방의 트라우마를 보고, 자민족 중심주의를 벗어나가야 한다. 깊은 상처를 지니고 살아가는 양쪽 모두에게 쉽지 않은 선택이다. 하지만 그것이 오늘날 망가질 대로 망가진

상황에서 택할 수 있는 유일한 해결책이자 가장 덜 나쁜
선택임은 분명하다. 베들레헴 바이블 칼리지를 처음 방문했을
때, 나는 게시판에 걸린 이 글을 보고 가슴이 먹먹해졌다.

"칼을 도로 넣어라!" 이 말은 예수의 제자들이 도망치기 전에
마지막으로 예수에게서 들었던 말입니다. …… 예수님은 명확히
말씀합니다. 그의 제자는 폭력으로 반응해서는 안 된다고요.
이들은 폭력으로 반응해선 안 됩니다. 왜냐고요? 칼을 드는
사람들은 칼로 망하기 때문이죠. 폭력은 폭력을 낳습니다.
살인은 살인을 낳습니다. 죽음은 죽음을 낳습니다. "칼을 도로
넣어라!" 이 명령은 예수님의 메시지의 중심입니다.[6]

용서와 공존밖에 없다

피는 피를 부르고 복수는 복수를 부른다. 분명 두 민족이
서로를 용서하고 땅을 공유하는 것 외에는 궁극적인 해결책이
없다. 그제서야 두 민족이 서로를 진정으로 인정하고, 정상적인
외교 관계를 수립하여 폭력을 중지할 수 있다. 팔레스타인이
이스라엘을 용서하며 평화로운 국가로 독립하고, 이스라엘이
지금까지의 전쟁범죄와 점령을 진심으로 인정하고 사과하는
장면은 공존과 용서 아래서 결코 망상이 아니다. 증오의
관계에서 벗어나 화합을 실현했던 프랑스와 독일, 북아일랜드,
남아프리카공화국의 선례가 있다.

팔레스타인의 경우 한 국가에서 두 민족이 공존할 수도 있고(binational solution), 두 별개의 국가에서 각 민족이 따로 지낼 수도 있다(two-state solution). 그 후에야 귀환을 원하는 난민들도 고향으로 돌아와 얽힌 실타래를 하나하나 풀어나갈 수 있을 것이다.

기독교인이 순수 유대 국가를 꿈꾸는 이스라엘의 정책을 일방적으로 옹호하면서 갈등을 심화시키는 것은 있을 수 없는 일이다. 이 자세는 두 민족 간의 용서와 공존을 요원하게 만들기 마련이다. 예언서는 유대인이 돌아와 유대인만의 배타적인 공동체를 만들 것이라고 예언하지 않았다. 하나님은 모든 민족의 하나님이다. 나는 아래 에스겔서의 말씀이 오늘날 분쟁의 마침표를 제공할 수 있을 것이라고 믿는다.

"너희는 말할 것도 없고, 너희 가운데 거류하는 외국 사람들, 곧 너희들 가운데서 자녀를 낳으면서 몸붙여 사는 거류민들도 함께 그 땅을 유산으로 차지하게 하여라. 너희는 거류민들을 본토에서 태어난 이스라엘 족속과 똑같이 여겨라. 그들도 이스라엘 지파들 가운데 끼어서 제비를 뽑아 유산을 받아야 한다. 거류민에게는 그들이 함께 살고 있는 그 지파에서 땅을 유산으로 떼어 주어야 한다. 나 주 하나님의 말이다."

(겔 47:22-23)

성경은 이스라엘의 회복을 예언할 뿐 아니라 외국인들과 땅을

용서와 공존을 위한 우리의 자세

제3자로서의 우리는 어떤 자세로 이 사태를 바라보아야 할까?
두 민족 간의 용서와 공존을 위해서는 반드시 양쪽의 목소리를
들어야 한다. 한쪽의 목소리만 듣고 다른 쪽을 악마화하면
사태는 더욱 악화될 뿐이다. 내키지 않더라도, 이스라엘
유대인과 팔레스타인 아랍인 모두의 이야기를 듣고 이 민족들이
처한 상황에 공감하는 것이 평화와 대화를 위한 첫 걸음이다.

'친팔레스타인', '친이스라엘'이라는 단순한 이분법으로
사람들을 나누고 서로 논쟁하는 것은 지속 가능한 평화에
도움이 되지 않는다. 이스라엘, 팔레스타인 진영 모두 상대편의
실수만 소개하고 자신의 정의로운 행위와 대의를 포장함으로써
자신을 의로운 희생자$^{righteous\ victim}$로 포장할 수 있다. 오늘날
극도의 힘의 불균형을 볼 때 이스라엘의 책임이 더 막중하지만,
19세기부터 이어지는 큰 그림을 보면 어느 쪽도 의로운 희생자가
아니다. 한쪽의 이야기만 듣고 일방적으로 한쪽만 지지한다면
그 반대쪽이 적대자로 보이고, 우리가 훈계해서 '개종'시켜야
할 대상으로만 보이기 마련이다. 그러면 평화는 멀어지고 '누가
더 잘못했나'를 따지는 소모적인 논쟁만 격화되고 만다. 그리고
가장 무서운 것은, 이 논쟁이 다른 극단적인 세력의 구실과

결속력을 강화하는 결과만 낳는다는 점이다. 특히 이-팔
분쟁에 관련하여 누가 더 잘못했는지를 놓고 다투는 것은
서로의 끔찍한 기억과 트라우마를 자극하여 두 민족을 더욱
강경하게 만들기 십상이다. '의로운 분노 righteous indignation'만으로는
절대 평화를 이룰 수 없다. 이 분노가 공존을 향해 나아갈 때
비로소 우리가 문제 해결에 역할을 할 수 있다.

이런 점에서 나는 서안지구의 알 쿠즈 Al-Quds 대학 출신의
무슬림과, 미국의 브랜데이스 Brandeis 대학의 유대인 간의 교환학생
프로그램에 주목하고 싶다. 팔레스타인 아랍인과 미국 유대인
간의 대화를 장려하기 위해 기획된 이 프로그램을 통해
유대인 학생과 팔레스타인 학생은 서로에 대한 편견을 부수어
나갔다. 서안지구를 방문한 유대인 학생들은 현지 팔레스타인
학생들과 함께 탐방을 하고, 평화와 미래에 대해 이야기했다.
난생 처음으로 만나고 교제했지만 이 학생들은 서로의
공통점을 찾았고, 열띤 토론을 벌였고, 서로에 대한 편견을
부수어 나갔다. 열띤 토론을 벌이며 서로의 간극을 확인할 때도
있었지만, 마지막에 쉽게 작별인사가 나오지 않았다는 학생들의
인터뷰를 읽으며 분쟁의 탈출구를 힐끗 들여다본 기분이
들었다.
안타깝지만 이러한 노력들은 세간의 주목을 거의 받지 못한다.
살상을 동반한 자극적인 소식들과 양 극단의 파격적인 발언이
이슈가 되고 있고, 세계는 이것이 진짜 모습이라고 믿는 데
익숙해져 있다. 하지만 이러한 노력이 지속되어야 궁극적으로

열매를 맺고 두 민족의 상처를 치유할 틈이 커질 것임은
분명하다.

현대판 십자군?

이-팔 갈등을 조사하며 느낀 점은 종종 믿지 않는 사람들이
더 성경적이었다는 점이었다. 팔레스타인에서 자행되는 부당한
폭력과 재산 몰수에 대항해 목소리를 내는 이 사람들은 대부분
기독교인이 아니었다. 한편 일방적으로 이스라엘의 입장을
부각시키며 팔레스타인 땅에서 자행되는 폭력을 덮으려
하는 책 중 상당수는 복음주의자들의 저서였다. 부끄러운
일이다. 차가운 교리와 이스라엘의 속사정만 내세우는 이들의
글은 끝까지 읽기가 거북했다. '어떻게 그리스도를 따른다는
사람들이 이렇게 무감각하게 한쪽 입장만 편들 수가 있는가?
믿지 않는 사람들이 이 모습을 보면서 예수를 떠올릴까?'
안타깝지만 이스라엘 우파에게 있어 미국의 강경한 복음주의
단체는 경제적, 정치적으로 훌륭한 협력체이다. 복음주의
단체를 자처하는 CIPAC, 이스라엘을 위한 크리스천 연합Christians
United for Israel, 이스라엘의 크리스천 친구The Christian Friends of Israel, 국제 기독
대사관 예루살렘International Christian Embassy of Jerusalem, 평화의 다리Bridges
of Peace 등의 기독교 단체는 예수의 재림에 이스라엘의 확장이
필수라는, 그리고 이스라엘을 축복하는 국가가 축복을
받을 것이라는 자신들의 성경 해석에 기반해 무조건적으로

이스라엘의 정책을 선전하며 로비 활동을 해왔다. 유대인
정착촌 확장 사업을 돕는 것은 기본이고 이스라엘이 서안지구를
병합할 것과 유대교와 이슬람의 성지인 성전산의 모스크를
철거—3차 대전을 일으킬 수도 있는—하고 제3성전을 건설할 것을
촉구해 왔다. '이스라엘의 크리스천 친구'는 서안지구에서
철수하라고 미국 정부가 이스라엘을 압박하지 못하도록
기독교인의 여론을 형성하기 위해 미국 교회들과 유대인
정착촌을 이어주는 프로그램까지 진행했다.[7] 《시온의 기독
군사들?》의 저자 스테판 사이저의 말대로, "예수 복음이
하나님과의 화해와 평화를 가져오고 민족 간의 치유를 위한
것인데도, 일부 크리스천들이 종교적인 적대감을 확대하며
종말론적인 전쟁을 일으키는 데 열중하는 것이 얼마나
비극적인가".[8] 현대판 십자군이 이스라엘과 미국을 주축으로
중동에 진출했다는 비아냥이 어색하지 않다. 그리스도는 몸과
마음이 상한 자를 치료하고, 전 세계 모든 민족을 대속하기
위해 이 땅에 내려왔다. 유대인과 이방인을 한 몸으로 만들어
하나님과 화해시킨 분이 그리스도였다(엡 2:11-22). 가나안
정복을 오늘날 이-팔 분쟁에 적용하면 안 된다. 예수를 따르는
자들이 율법을 지키기 위해 팔레스타인 무슬림을 밀어낼 수는
없기 때문이다. 그리스도는 점령하에서 고통 받는 팔레스타인
사람들을 향해 눈물 흘리는, 그리고 이스라엘의 잘못된
발걸음에 분노하시는 하나님이다.

저 항 하 라   그 리 고   사 랑 하 라

분리장벽을 따라 걷다 보면 심심찮게 마주치는 문구가 하나
있다. 바로 'To exist is to resist [(우리의) 존재는 투쟁이다]'라는
문구다. 팔레스타인 사람들의 삶과 정체성을 단적으로 보여
주는 문장이다. 오늘날 이 사람들에게 있어 저항은 삶의 일부가
되었다. 하지만 폭력적이건 비폭력적이건, 이들의 저항은
이스라엘 군인들의 군홧발에 밟히고 만다. 이따금씩 유대인을
겨냥해 터지는 살인이나 폭력 사태는 서안지구를 휩쓰는
대대적인 군사작전으로까지 이어져 절규를 낳는다.

팔레스타인 사람들은 저항을 포기해야 할까? 나는 저항 없는
팔레스타인을 상상해 보았다. 이스라엘 군인들이 마을에
들어와도 아무 반응 없이 자기 할 일을 하는 현지인들, 어떠한

시위도 없이 조용히 자신의 삶을 영위하는 사람들, 가자지구의
공습에 반발해 어떤 집회도 열지 않는 서안지구 사람들을
상상했다. 이 사람들은 이에 대한 대가로 해방을 맞이할까?
절대 아니다. 오히려 이스라엘의 점령만 쉬워질 것이다. 총알,
최루탄 없이 값싸고 쉽게 팔레스타인 땅을 길들일 것이기
때문이다. 해방을 종용하는 국제사회의 목소리에 이스라엘은
"이 사람들은 정작 조용하게 잘 지내는데 왜 다른 나라에서
참견인가"라고 당당하게 말할 구실만 얻을 것이다. 실제로
그것이 2차 인티파다가 잠잠해지고 몇 년 동안 이어졌던,
'비교적' 평화로운 상황이었다. 물론 이는 진정한 평화가
아니었다.

나는 팔레스타인 사람들에게 해방을 향한 저항을 멈추지
말라고 당부하고 싶다. 불법적인 점령과 봉쇄에 대한 저항은
분명 합법적이고 정당하다. 해방을 향한 갈망이 자신의
정체성이 된 이 민족에게 저항을 포기할 것을 강요해서는 안
된다. 이 사람들이 추구하는 자유야말로 우리가 상식적으로
지지해야 할 사안이다. 단 비인간적인 자살폭탄, 로켓, 민간인
살해, 그리고 상대에 대한 악마화를 동반한 복수전이 아닌,
인류의 보편적인 가치를 침범하지 않는 방식으로 저항해야
한다. 그것이 더 강한 점령과 봉쇄에 대한 구실을 제공하지
않으면서 자유에 조금 더 가까이 다가갈 수 있는 방법임이
분명하다. 비폭력적인 저항과 언행으로 부조리에 맞서야만
상대방의 보수적인 진영이 팔레스타인 사람들에 대한 위협을

이스라엘을 향한 용서, 그리고 정의를 향한 저항 이 둘을
조화시키는 것이 관건이다. 정말 어울리지 않는 두 단어이다.
하지만 부당한 현실에 저항하면서도 상대와 공존하려 하지
않으면 지금까지 보아 온 복수전에 다시 휘말리고 말 것이다.
안타깝지만 그것이 지금 이−팔 분쟁의 현재 양상인 것 같다.
양 민족은 아직 상대방 측에서 발생한 피해에 환호하는 데
익숙해져 있는 것만 같아 침울할 때가 많다.
나는 베들레헴을 떠나며 발자국을 남기고 싶었다. 나는 이
땅을 떠나기 전에 느낀 복잡한 감정을 분리장벽 위에 담기로
결심했다.

사실 나의 초기 작품은 이랬다. 베들레헴에 온 지 한 달
후에 디자인한 벽화 초안이었다. 내가 이스라엘을 한창
미워할 때였다. 처음 이곳에 와 사람들과 교제하며 억압받는
팔레스타인의 얼굴을 마주했을 때 이스라엘에게 가졌던 감정을
그대로 담고 있다. 나에게는 미국을 등에 업고 팔레스타인
사람들을 억압하는 이스라엘이 그렇게 괘씸할 수가 없었다.

이스라엘이 절규하며 무너지고 있고, 그 위에서 미국이 '나는
네가 더 이상 필요 없다'라는 쪽지를 흔들고 있다. '미국만
믿고 나대지 말아라! 미국도 너희가 필요 없으면 언제든지
버릴 준비가 되어 있으니 말이다'라는 메시지다. 하지만

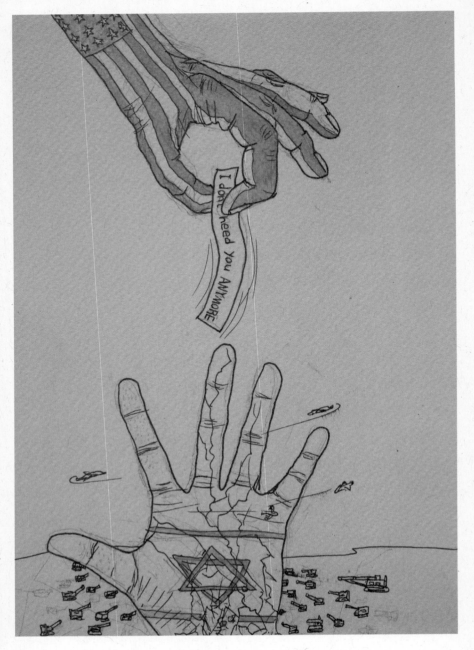

한창 이스라엘을 미워할 때 그렸던 벽화 초안이다. 이
스라엘이 주변 아랍 국가들의 공격에 무너지고 있고,
미국은 무책임한 쪽지를 흔들며 이를 외면하고 있다.
당시 나는 팔레스타인과 이스라엘의 화해와 연합보
다는, 이스라엘의 일방적인 붕괴가 나을 거라는 생각
에 잠겨 있었다.

학기가 흘러가면서 내 생각은 조금씩 바뀌어 갔다. 조금씩
복잡해졌다는 게 더 정확한 표현일 것 같다. 그리고 이 초안을
버리기로 결심했다.

유대인들도 자신의 이야기가 있었다. 그리고 이스라엘이라는
국가를 성경과 언약에 비추어 생각하고 이스라엘 영토에서
유대인들을 만나며 나는 이 땅의 현실이 보통 복잡한 게
아니라는 사실을 알았다.

오늘날 이스라엘은 팔레스타인 무장단체의 요구를 들어 주어야
하는가? 그러면 전 세계의 무장단체와 테러리스트 단체를
격려하는 셈이 되지 않을까? 하지만 근본적인 해결책 없이
무작정 팔레스타인을 억누르는 것은 국가 단위의 테러를 부르며
악순환을 이어가고 있지 않은가? 지금과 같은 엄청난 힘의
불균형은 필연적으로 절망감을 야기해 더 공격적인 투쟁을 낳기
마련이다.
하지만 대체 어떻게 협상을 해야 하는가? 난민들이 예전에 살던
곳에는 유대인/팔레스타인 도시가 들어섰다. 시리아, 요르단,
레바논 등의 아랍 국가와 전 세계에 흩어져 있는 난민들에게는
어떤 선택이 주어져야 하는가? 오늘날 잘 살고 있는 서안지구
사람들, 이스라엘 사람들에게 난민이 갑자기 돌아와 예전에는
자기 땅이었으니 나가라고 하는 게 정의로울까?
동예루살렘은 어떻게 해야 할까? 유대인과 팔레스타인
사람 모두에게 있어 동예루살렘은 영원한 수도이다. 게다가

이스라엘은 예루살렘을 분할하는 것조차 거부하고 있다.
팔레스타인 경제는? 이미 이스라엘 경제와 얽히고설켜 있어서
도저히 손을 댈 수가 없어 보인다.

왜 이스라엘은 이 땅을 놓아 주지 않을까? 점령 때문에 발생한
수많은 희생과 불명예에도 불구하고 계속 이 땅을 붙잡고
있어야 하는 걸까? 서안지구는 이스라엘의 말대로 안보를 위해
붙잡고 있어야만 하는 것일까, 아니면 거대한 '고대 이스라엘'을
회복하기 위해 필요한 땅일까? 하지만 이스라엘도 총과
무기로는 절대 현 상태를 유지할 수 없다는 걸 알지 않을까?
아니, 유대인들이 반유대주의에 시달리지만 않았다면 1948년
이스라엘 건국은 있었을까? 이 과정에서 쏟아진 피와 눈물은
세계의 책임인가?

지금 양 민족은 화해할 준비가 되어 있을까? 팔레스타인
사람들이 이스라엘을, 이스라엘 사람들이 팔레스타인을 완전히
인정하고 존중할 날이 올까?
팔레스타인 국가가 생긴다면 팔레스타인 사람들은 이스라엘과
국경을 맞대고 평화롭게 살아갈까? 이스라엘은 신생
팔레스타인 국가를 근거로 이스라엘 내부의 팔레스타인
사람들을 차별하지 않을 수 있을까? 신생 팔레스타인 국가는
이스라엘 우파의 주장대로 주변 아랍 국가와 협력해 '고대
팔레스타인'을 회복하고 유대인을 중동에서 몰아내려는 공격을
감행할 것인가? 이스라엘 평화운동가 요람 키누익Yoram Kinuik의

말대로, "아랍인들은 그저 이스라엘이 현재 땅에 있는 것을
인정하지 않는" 것일까? 지금까지의 팔레스타인의 트라우마가
다른 민족에 대한 지배로 이어지는 것은 아닐까?

생각하면 할수록 문제는 복잡했다. 얽히고 얽힌 거대한 실타래
숲으로 빠지는 기분이었다. 문제는 손을 댈 수가 없을 정도로
복잡해졌다. 이건 인간의 지혜로 완전히 해결할 수 없다. 두 민족
모두 메시아를 모르고 반목하고 있다. 이것이 내 마지막 그림의
메시지, 아니 고민이었다.
나는 어느 한쪽을 편들고 싶지 않았다. 한쪽을 편들면 반드시
상황을 악화시킬 뿐이다. 나는 한 걸음 뒤로 물러나 이 두
민족의 고통과 절망을 묘사하고 싶었다. 얽힐 대로 얽힌 이
복잡한 상황을 담고 싶었다.

메시아는 손 닿는 거리에,
두 민족 모두를 위해 그 자리에 있어 왔다.

하지만 두 민족 모두
메시아를 모르고 반목하고 있다.

에 필 로 그

흔히 이스라엘-팔레스타인 분쟁은 종교 분쟁으로 일컬어지곤
합니다. 하지만 이 분쟁은 분명 19세기부터 불거진, 같은 땅을
놓고 벌어진 두 민족 사이의 갈등입니다. 아랍인의 입장을
들어보면 팔레스타인 땅에 들어온 유대인들이 문제입니다.
하지만 유대인들도 당시의 광적인 반유대주의 속에서 간절히
국가를 원했고, 이들을 학대해 온 전 세계도 책임을 피할 수
없습니다.

일각에서는 팔레스타인 사람들을 테러 집단으로 묘사하곤
하지만, 이 사람들을 극단적인 길로 내몬 원인은 분명 47년
이상 지속된 이스라엘의 군사 점령과 억압 정책입니다. 다른
진영에서는 유대인을 "약속의 땅"이라는 종교적 신념 하나로

토착민을 약탈한 식민 민족으로 보곤 하지만, 이주 당시
유대인이 처했던 광적인 반유대주의와 초기 시오니즘의
비종교적인 특성을 바라보지 못하면 상황을 제대로 이해할 수
없습니다. 안타깝지만 너무나 큰 트라우마를 겪었던 유대인들은
자신의 이주에 반대하는 팔레스타인 토착민의 저항을
반유대주의의 연장선으로 해석했고, 토착민과 함께 폭력과
보복의 고리를 이어 왔습니다. 결국 전쟁과 약탈을 거치며
23.5%에 불과한 팔레스타인 영토만 토착민에게 남았고, 이마저
이스라엘의 군사점령하에 놓여 있는 형국입니다.

그렇다면 팔레스타인은 국가일까요? 오늘날에도 주권국가로
일어서려는 노력을 계속하고 있지만 아직 완전한 국가는
아닙니다. 2012년 11월 유엔 총회에서 비회원 옵서버 국가Non-
member Observer State로 승인되어 독립국가로 격상하기 위한 발판을
마련했지만, 국가는 되지 못했습니다.

한국에 돌아와 주변 사람들에게 팔레스타인 이야기를 하면
하나같이 놀랍니다. 팔레스타인이 주권 국가가 아니었다는
사실부터, 이스라엘 대신 베들레헴과 헤브론을 품고 있다는
사실까지, 우리나라 사람들에게는 팔레스타인이 많이 생소한
것 같습니다. 팔레스타인이 이스라엘의 군사점령하에 있다는
이야기를 꺼내면 다들 눈이 동그래지면서 "그래?" 하고 되묻곤
합니다. 하지만 800만 명에 달하는 난민, 온갖 자유를 박탈당한
현지인의 이야기를 들려주어도 그 자리에서 놀라고는 각자의

일상에 들어가고 맙니다. 직접 그 땅을 방문해 현실과 얼굴을 마주하고 살을 맞대지 않으면, 아무리 많은 책을 읽어도 별 감흥과 열정을 느끼지 못하는 게 사람인 것 같습니다. 독자 여러분 중 많은 사람들이 얼마 지나지 않아 바쁜 일상에 묻혀 팔레스타인을 잊어버릴 거라는 생각을 하면 마음이 무거워지곤 합니다. 하지만 최소한 이스라엘 - 팔레스타인 땅에서 어떤 일들이 일어나는지 조금이라도 관심 가지고, 이 땅의 평화와 용서 그리고 공의를 위해 기도하고 행동한다면 이 책은 성공한 셈입니다.

현재 이스라엘 영토에는 20%가 조금 넘는 아랍인(팔레스타인인)이 살고 있습니다. 이 사람들은 이스라엘이 건국되는 과정에서 유대인 무장단체와 아랍 군대에도 불구하고 꿋꿋이 땅을 지킨 사람들입니다. 결국 이 아랍인들은 이스라엘의 시민권을 받고 이스라엘 땅 안에서 살고 있습니다.

하지만 이들 아랍인의 높은 출산율로 인해 30~40년 후에 이스라엘 내에서 아랍 인구가 유대인 인구를 넘어설 것이라는 전망이 있습니다. 지금 추세로 가다가는 2040년대에 아랍 무슬림이 이스라엘의 총리로 선출될지도 모르는 일입니다. 순수 유대 국가를 꿈꾸는 이스라엘 유대인에게는 '악몽'과도 같은 시나리오입니다.

이스라엘은 점령을 끝내 팔레스타인 사람들이 독립국가를 세우도록 할 수도 있고(두 국가 해결안two-state solution), 서안지구와

가자지구를 아우르는 거대한 이스라엘을 만든 후 두 민족이
함께 살 수도 있습니다(이국적 해결안^{binational solution}). 이스라엘에서는
서안지구를 인접한 요르단에게 양도하는 방안도 논의되고
있습니다.

지금의 유대교는 홀로코스트에서 유대인을 구하지 않은
하나님에 대한 실망감과 힘과 권력에의 의지가 만든 새로운
유대교입니다. 구약의 하나님이 이스라엘의 국익을 지켜주는
부족 신으로 전락한 것 같아 안타깝습니다. 나그네와 이웃을
사랑하라는 명령은 별 힘을 발휘하지 못하는 것 같습니다.
2,000년 동안 이 민족이 겪어 온 트라우마를 생각하면 이들을
함부로 판단할 처지는 못 됩니다. 분명한 사실은 하나님이
유대인을 버리지 않았으며 유대인과 이방인 모두 하나님의
큰 계획 속에 있다는 것입니다(롬 11장). 하루빨리 이스라엘
유대인과 팔레스타인 아랍인이 통합되어 이 책의 메시지가 아무
쓸모가 없어지는 날을 고대하고 기도합니다.

"그러나 이제는,
내가 다시 예루살렘과 유다 백성에게 복을 내려 주기로 작정하였으니,
너희는 두려워하지 말아라.
너희가 해야 할 일은 이러하다.
서로 진실을 말하여라.
너희의 성문 법정에서는 참되고 공의롭게 재판하여,
평화를 이루어라.
이웃을 해칠 생각을 서로 마음에 품지 말고,
거짓으로 맹세하기를 좋아하지 말아라."
이 모든 것은, 내가 미워하는 것이다.
나 주가 말한다.

_ 스가랴서 8:15-17

1. 김재명, 《눈물의 땅 팔레스타인》, 프로네시스, 2009
2. 오드 시뇰, 《팔레스타인》, 웅진 지식하우스, 2008
3. 일란 파페, 《팔레스타인 현대사》, 후마니타스, 2009
4. Michael Lerner, *Embracing Israel/Palestine*, Tikkun Books, 2012
5. Ilan Pappe, *The Ethnic Cleansing of Palestine*, One World Publication, 2006
6. Efraim Karsh, *Palestine Betrayed*, Yale University Press, 2011
7. Center for Contemporary Arab Studies, Georgetown University, *Palestine and The Palestinians in the 21st Century*, Indiana University Press, 2013
8. Stephen Sizer, *Zion's Christian Soldiers?*, InterVarsity Press, 2007
9. Alan Dershowitz, *The Case for Israel*, John Wiley&Sons, 2003
10. Kameel B. Nasr, *Arab and Israeli Terrorism: the causes and effects of political violence, 1936-1993*, McFarland&Company, Inc., Publishers, 1997
11. Samih K. Farsoun and Christina E. Zacharia, *Palestine and Palestinians*, Westview Press, 1997
12. Gary M. Burge, *Who are God's people in the Middle East?*, Zondervan Publishing House, 1993
13 Wendell Stearns, *Biblical Zionism*, Moriah Foundation Publishers, 1994
14 Benjamin Netanyahu, *Fighting Terrorism: how democracies can defeat domestic and international terrorists*, Farrar Straus Giroux, 1995
15 Stanley Ellisen updated and revised by Charles H. Dyer, *Who owns the Land: an in-depth look at the real reasons behind the Middle East conflict*, Tyndale House Publishers, Inc., 2003
16 Elwood McQuaid, *The Zion Connection*, Harvest House Publishers, 1996
17 Alan Dershowitz, *The Case for Peace: how the Arab-Israeli conflict can be resolved*, John Wiley & Sons, Inc., 2005
18 Randall Price, *Fast Facts on the Middle East Conflict*, Harvest Publishing House, 2003
19 Kathleen Christison and Bill Christison, *Palestine in Pieces: graphic*

perspectives on the Israeli occupation, Pluto Press, 2009

20 Reporters without Borders, *Israel/Palestine: the black book / edited by Reporters without Borders*, Pluto Press, 2003

21 Mavrine and Kobert Tobin/editors, *How Long O Lord?: Voices from the Ground and Visions for the Future in Israel/Palestine*, Cowley Publications, 2002

22 Alan Dowty, *Israel/Palestine*, Polity Press, 2005

23 Reme Backmann, *The Wall in Palestine*, Picador, 2010(eng)

24 Edited by Elizabeth G. Matthews with David Newman and Mohammed S. Dajani Daoudi, *The Israel-Palestine Conflict: Parallel discourses*, Routledge, 2011

25 Mike Berry and Greg Philo, *Israel and Palestine: Competing Histories*, Pluto Press, 2006

26 Saree Makdisi, *Palestine Inside Out: An Everyday Occupation*, W.W Norton, 2010

27 Mazin B. Qumsiyeh, *Sharing the Land of Canaan*, Pluto Press, 2004

28 Elisha Efrat, *West Bank and Gaza Strip: A geography of occupation and disengagement*, Routledge, 2006

29 Breaking The Silence, *Breaking the Silence: Soldiers' Testimonies From Hebron, 2005-2007*, 2008

30 United Nations Development Programs, Human Development Report 2013: The Rise of the South: Human Progress in a Diverse World, 2013

31 Emergency Appeal 2014, UNRWA, 2014

사이트

1. B'Tselem
2. ICHAD
3. New York Times
4. Ma'an News Agency
5. Ynet News
6. UNRWA
7. PASSIA
8. PCBS
9. ARIJ
10. Bethlehem Municipality
11. AICE

1. 첫 만남

1. Efraim Karsh, *Palestine Betrayed*, Yale University Press, 2011, p 8
2. Mike Berry and Greg Philo, *Israel and Palestine: Competing Histories*, Pluto Press, p 2
3. Ilan Pappe, *The Ethnic Cleansing of Palestine*, One World Publication, 2006, p 10
4. Mazin B. Qumsiyeh, *Sharing the Land of Canaan: Human rights and the Israeli-Palestinian struggle*, p 32
5. Kameel B Nasr, *Arab and Israeli Terrorism*,, 1997, McFarland, p16
6. Ilan Pappe, *The Ethnic Cleansing of Palestine*, One World Publication, 2006
7. Mavrine and Kobert Tobin/editors, *How Long O Lord?; Voices from the Ground and Visions for the Future in Israel/Palestine*, Cowley Publications, 2002, p 37
8. Mike Berry and Greg Philo, *Israel and Palestine: Competing Histories*, Pluto Press, p 36
9. 일란 파페, 《팔레스타인 현대사》, 후마니타스, 2009, p 234
10. Reporters without Borders, *Israel/Palestine: the black book /edited by Reporters without Borders*, Pluto Press, 2003, p 3
11. Saree Makdisi, *Palestine Inside Out: An Everyday Occupation*, W.W Norton, 2010, p 111
12. Mazin B. Qumsiyeh, *Sharing the Land of Canaan: Human rights and the Israeli-Palestinian struggle*, p 135
13. Kathleen Christison and Bill Christison, *Palestine in Pieces: graphic perspectives on the Israeli occupation*, Pluto Press, 2009, p 43
14. Saree Makdisi, *Palestine Inside Out: An Everyday Occupation*, W.W Norton, 2010, p 228
15. Mike Berry and Greg Philo, *Israel and Palestine: Competing Histories*, Pluto Press, p 86
16. B'Tselem, http://www.btselem.org/statistics/first_intifada_tables
17. Alan Dowty, *Israel/Palestine*, Polity Press, 2005, p 28
18. Elwood McQuaid, The Zion Connection, Harvest House Publishers, 1996, p 16

19. Efraim Karsh, *Palestine Betrayed*, Yale University Press, 2011, p 9

20. Mike Berry and Greg Philo, *Israel and Palestine: Competing Histories*, Pluto Press, p 2

21. Efraim Karsh, *Palestine Betrayed*, Yale University Press, 2011, p 13

22. Mike Berry and Greg Philo, *Israel and Palestine: Competing Histories*, Pluto Press, pp 11-12

23. Mavrine and Kobert Tobin/editors, *How Long O Lord?; Voices from the Ground and Visions for the Future in Israel/Palestine*, Cowley Publications, 2002, p 224

24. Efraim Karsh, *Palestine Betrayed*, Yale University Press, 2011, p 20

25. Randall Price, *Fast Facts on the Middle East Conflict*, Harvest House Publishing, 2003, p 28

26. Efraim Karsh, *Palestine Betrayed*, Yale University Press, 2010, pp 138-142

27. Reporters without Borders, *Israel/Palestine: the black book / edited by Reporters without Borders*, Pluto Press, 2003, p 167

28. Alan Dowty, *Israel/Palestine*, Polity Press, 2005, p 161

2. 그곳에 사람이 산다

1. Center for Contemporary Arab Studies, Georgetown University, *Palestine and The Palestinians in the 21st Century*, 2013, Indiana University Press, p 47

2. Ynet News, http://www.ynetnews.com/articles/0,7340,L-4537882,00.html

3. Bethlehem Municipality, http://www.bethlehem-city.org/en/index-16.php?Mid=NDk=#.U3sDvNJ_vzw

4. Students, staff clash at Birzeit university, Maan News Agency, 23/09/2013 (updated) 25/09/2013

5. Human Development Report Human Progress in a Diverse World, United Nations Development Programs, 2013, pp 170-173

6. B'Tselem, Attacks on Israeli Civilians by Palestinians, http://www.btselem.org/israeli_civilians/qassam_missiles#data

7. Center for Contemporary Arab Studies, Georgetown University, *Palestine and The Palestinians in the 21st Century*, 2013, Indiana University Press, pp 87-89

8. Edited by Elizabeth G. Matthews with David Newman and Mohammed S. Dajani Daoudi, *The Israel-Palestine Conflict: Parallel discourses*, Routledge, 2011, p 205

9. Edited by Elizabeth G. Matthews with David Newman and Mohammed S. Dajani Daoudi, *The Israel-Palestine Conflict: Parallel discourses*, Routledge, 2011, p 195

10. This Week in Palestine, *The City of Bethlehem*, Khalil Shokeh, No 152, 2010/12

3. 점령

1. Saree Makdisi, *Palestine Inside Out: An Everyday Occupation*, W.W Norton, 2010, p 196

2. Saree Makdisi, *Palestine Inside Out: An Everyday Occupation*, W.W Norton, 2010, p 196

3. Rene Backmann, *A Wall in Palestine*, Picador, 2010(eng), pp 25-26

4. Mike Berry and Greg Philo, *Israel and Palestine: Competing Histories*, Pluto Press, p 121

5. Alan Dershowitz, *The Case for Israel*, John Wiley & Sons, 2003, p 124

6. Elisha Efrat, *West Bank and Gaza Strip: A geography of occupation and disengagement*, Routledge, 2006, pp 118, 121

7. Mike Berry and Greg Philo, *Israel and Palestine: Competing Histories*, Pluto Press, p 127

8. Saree Makdisi, *Palestine Inside Out: An Everyday Occupation*, W.W Norton, 2010, p 24

9. Rene Backmann, *A Wall in Palestine*, Picador, 2010(eng), p 63

10. Center for Contemporary Arab Studies, Georgetown University, *Palestine and The Palestinians in the 21st Century*, 2013, Indiana University Press, p 50

11. Kathleen Christison and Bill Christison, *Palestine in Pieces: graphic perspectives on the Israeli occupation*, Pluto Press, 2009, p 49

12. Rene Backmann, *A Wall in Palestine*, Picador, 2010(eng), p 184

13. Human Development Report Human Progress in a Diverse World, United Nations Development Programs, 2013, pp 178

14. Rene Backmann, *A Wall in Palestine*, Picador, 2010(eng), p 134

15. Rene Backmann, *A Wall in Palestine*, Picador, 2010(eng), p 202

16. Elisha Efrat, *West Bank and Gaza Strip: A geography of occupation and disengagement*, Routledge, 2006, p 122

17. Center for Contemporary Arab Studies, Georgetown University, *Palestine and The Palestinians in the 21st Century*, 2013, Indiana University Press, p 50

18. PCBS, http://www.pcbs.gov.ps/Portals/_Rainbow/Documents/ Labor%20Force%20Annual.htm

19. This week in Palestine, vol 185, September 2013, pp 10-12, *what will it take to build a health and sustainable economy in Palestine?*

20. Center for Contemporary Arab Studies, Georgetown University, *Palestine and The Palestinians in the 21st Century*, 2013, Indiana University Press, p 43

21. PCBS, http://www.pcbs.gov.ps/Portals/_Rainbow/Documents/ Employed%20Person%20by%20sector.htm

22. B'Tselem, http://www.btselem.org/settlements

23. Mike Berry and Greg Philo, *Israel and Palestine: Competing Histories*, Pluto Press, p 102

24. Saree Makdisi, *Palestine Inside Out: An Everyday Occupation*, W.W Norton, 2010, p 127

25. Elisha Efrat, *West Bank and Gaza Strip: A geography of occupation and disengagement*, Routledge, 2006, p 60

26. Edited by Elizabeth G. Matthews with David Newman and Mohammed S. Dajani Daoudi, *The Israel-Palestine Conflict: Parallel discourses*, Routledge, 2011, p 75

27. Saree Makdisi, *Palestine Inside Out: An Everyday Occupation*, W.W Norton, 2010, p 19

28. Kathleen Christison and Bill Christison, *Palestine in Pieces: graphic perspectives on the Israeli occupation*, Pluto Press, 2009, p 29

29. Mike Berry and Greg Philo, *Israel and Palestine: Competing Histories*, Pluto Press, p 56

30. Maan News Agency, *Palestinian teen shot, injured by Israeli troops near Bethlehem*, 2013/10/29

31. Reporters without Borders, *Israel/Palestine: the black book* / edited by Reporters without Borders, Pluto Press, 2003, p22

32. Mike Berry and Greg Philo, *Israel and Palestine: Competing Histories*, Pluto Press, p 57

33. Elisha Efrat, *West Bank and Gaza Strip: A geography of occupation and disengagement*, Routledge, 2006, p 25

34. Saree Makdisi, *Palestine Inside Out: An Everyday Occupation*, W.W Norton, 2010, p 120 "The underlying political idea was that the

further inside the Occupied Territories we placed settlers, the more territory Israel would have when the time came to set the permanent international borders [Israel has still not declared its borders] – because we were already there."

35. Elisha Efrat, *West Bank and Gaza Strip: A geography of occupation and disengagement*, Routledge, 2006, p 42

36. Kathleen Christison and Bill Christison, *Palestine in Pieces: graphic perspectives on the Israeli occupation*, Pluto Press, 2009, pp 40-41

37. Center for Contemporary Arab Studies, Georgetown University, *Palestine and The Palestinians in the 21st Century*, 2013, Indiana University Press, p 215

38. Zeev Sternhell, *Colonial Zionism*, Haaretz, 2008.10.23 "If Israeli society is unable to muster the courage necessary to put an end to the settlements, the settlements will put an end to the state of the Jews and will turn it into a binational state.", Center for Contemporary Arab Studies, Georgetown University, *Palestine and The Palestinians in the 21st Century*, 2013, Indiana University Press, p 254에서 재인용

39. Jewish Virtual Library, AICE, http://www.jewishvirtuallibrary.org/jsource/Peace/fence.html

40. Samih K Farsoun and Christina E Zacharia, *Palestine and the Palestinians*, Westview Press, 1997, p192

41. UNRWA, http://www.unrwa.org/palestine-refugees

42. Mavrine and Kobert Tobin/editors, *How Long O Lord?: Voices from the Ground and Visions for the Future in Israel/Palestine*, Cowley Publications, 2002, p43

43. UNRWA in Figures, 2014. 1

44. Center for Contemporary Arab Studies, Georgetown University, *Palestine and The Palestinians in the 21st Century*, 2013, Indiana University Press, p 121

45. Edited by Elizabeth G. Matthews with David Newman and Mohammed S. Dajani Daoudi, *The Israel-Palestine Conflict: Parallel discourses*, Routledge, 2011, pp 36-37

46. Samih K Farsoun and Christina E Zacharia, *Palestine and the Palestinians*, Westview Press, 1997, p143

47. Emergency Appeal 2013, UNRWA, 2013, p 14

48. Mazin B. Qumsiyeh, *Sharing the Land of Canaan: Human rights and the Israeli-Palestinian struggle*, p 108

49. Center for Contemporary Arab Studies, Georgetown University, *Palestine and The Palestinians in the 21st Century*, 2013, Indiana

50. UNRWA, Emergency Appeal, 2013, p 15

51. Ilan Pappe, *The Ethnic Cleansing of Palestine*, One World Publication, 2006, p 41

52. 일란 파폐,《팔레스타인 현대사》, 후마니타스, 2009, p 209

53. Mazin B. Qumsiyeh, *Sharing the Land of Canaan: Human rights and the Israeli-Palestinian struggle*, p 106

54. Ilan Pappe, *The Ethnic Cleansing of Palestine*, One World Publication, 2006, p 17

55. Efraim Karsh, *Palestine Betrayed*, Yale University Press, 2010, pp 140-142, 164-167

56. Mavrine and Kobert Tobin/editors, *How Long O Lord?: Voices from the Ground and Visions for the Future in Israel/Palestine*, Cowley Publications, 2002, p 39 /or/ Mike Berry and Greg Philo, *Israel and Palestine: Competing Histories*, Pluto Press, p 49

57. Samih K Farsoun and Christina E Zacharia, *Palestine and the Palestinians*, Westview Press, 1997, p152

58. Elisha Efrat, *West Bank and Gaza Strip: A geography of occupation and disengagement*, Routledge, 2006, p 73

59. Samih K Farsoun and Christina E Zacharia, *Palestine and the Palestinians*, Westview Press, 1997, p155

60. Center for Contemporary Arab Studies, Georgetown University, *Palestine and The Palestinians in the 21st Century*, 2013, Indiana University Press, p 6

61. Alan Dershowitz, *The Case for Israel*, John Wiley & Sons, 2003, p 87

62. Reporters without Borders, *Israel/Palestine: the black book/* edited by Reporters without Borders, Pluto Press, 2003, p 145

63. Mazin B. Qumsiyeh, *Sharing the Land of Canaan: Human rights and the Israeli-Palestinian struggle*, p 91

64. Saree Makdisi, *Palestine Inside Out: An Everyday Occupation*, W.W Norton, 2010, p 254

65. Mavrine and Kobert Tobin/editors, *How Long O Lord?: Voices from the Ground and Visions for the Future in Israel/Palestine*, Cowley Publications, 2002, pp 43-44

66. Edited by Elizabeth G. Matthews with David Newman and Mohammed S. Dajani Daoudi, *The Israel-Palestine Conflict: Parallel discourses*, Routledge, 2011, p 21

67. Center for Contemporary Arab Studies, Georgetown University, *Palestine and The Palestinians in the 21st Century*, 2013, Indiana University Press, p 259

68. Mike Berry and Greg Philo, *Israel and Palestine: Competing Histories*, Pluto Press, p 37

69. Edited by Elizabeth G. Matthews with David Newman and Mohammed S. Dajani Daoudi, *The Israel-Palestine Conflict: Parallel discourses*, Routledge, 2011, p 22

70. Mazin B. Qumsiyeh, *Sharing the Land of Canaan: Human rights and the Israeli-Palestinian struggle*, p 31

71. Edited by Elizabeth G. Matthews with David Newman and Mohammed S. Dajani Daoudi, *The Israel-Palestine Conflict: Parallel discourses*, Routledge, 2011, p 23

72. Mazin B. Qumsiyeh, *Sharing the Land of Canaan: Human rights and the Israeli-Palestinian struggle*, p 44

73. The state of Palestine, areas in Israel that would be transferred to Palestine in the framework of a territorial exchange, rehabilitation in their current host country, resettlement in a third country, admission to Israel / Edited by Elizabeth G. Matthews with David Newman and Mohammed S. Dajani Daoudi, *The Israel-Palestine Conflict: Parallel discourses*, Routledge, 2011, p 29

74. Center for Contemporary Arab Studies, Georgetown University, *Palestine and The Palestinians in the 21st Century*, 2013, Indiana University Press, pp 123-130

75. Mazin B. Qumsiyeh, *Sharing the Land of Canaan: Human rights and the Israeli-Palestinian struggle*, p 44

76. Elisha Efrat, *West Bank and Gaza Strip: A geography of occupation and disengagement*, Routledge, 2006, p 75

5. 메시아

1. Samih K Farsoun and Christina E Zacharia, *Palestine and Palestinians*, 1997, Westview Press, A Member of the Perseus Books Group, p 49

2. Gary M Burge, *Who Are God's People in the Middle East?*, Zondervan Publishing House, 1996, p 157

3. 오드 시뇰, 《고정관념 Q 팔레스타인》, 웅진 지식하우스, 2005, p 77

4. Center for Contemporary Arab Studies, Georgetown University, *Palestine and The Palestinians in the 21st Century*, 2013, Indiana University Press, p 166

5. Edited by Elizabeth G. Matthews with David Newman and Mohammed S. Dajani Daoudi, *The Israel-Palestine Conflict: Parallel discourses*, Routledge, 2011, p 199

6. "Put your sword back! These are the last words the disciples hear from Jesus before they run away. If ever there was a moment in God's eyes when violence would be justifiable, this is it! But Jesus is clear: his disciples are not allowed to respond with violence. They are not allowed to kill. Why? Because all those who take up the sword shall perish by the sword. Violence begets violence. Killing begets killing. Death begets death. Put your sword back! The command goes to the heart of Jesus' message."

7. Mavrine and Kobert Tobin/editors, *How Long O Lord?: Voices from the Ground and Visions for the Future in Israel/Palestine*, Cowley Publications, 2002, p 96

8. Stephen Sizer, *Zion"s Christian Soldiers?*, InterVarsity Press, 2007, p 129 "How tragic that, while the good news of Jesus is intended to bring peace and reconciliation with God and healing between nations, some Christians are fuelling religious hatred, and are bent on inciting and apocalyptic war."

베들레헴은 지금
Bethlehem: Reportage Essay

2014. 9. 10. 초판 1쇄 인쇄
2014. 9. 16. 초판 1쇄 발행

지은이 양기선
펴낸이 정애주
곽현우 국효숙 김기민 김의연 김준표 김진성
박상신 박세정 박혜민 송민영 송승호 염보미
오민택 오형탁 윤진숙 임승철 정한나 조주영
차길환 한미영

펴낸곳 주식회사 홍성사
등록번호 제1-449호 1977. 8. 1.
주소 (121-885) 서울시 마포구 양화진4길 3
전화 02) 333-5161
팩스 02) 333-5165
홈페이지 www.hsbooks.com
이메일 hsbooks@hsbooks.com
트위터 twitter.com/hongsungsa
페이스북 facebook.com/hongsungsa
양화진책방 02) 333-5163

ⓒ 양기선, 2014

ISBN 978-89-365-0323-9 (03230)